Manuela Schmidt

Basiswissen Familienrecht

Die Grundlagen in Frage und Antwort

1. Auflage 2008

ISBN 978-3-86724-037-6

1. Auflage 2008

© 2008 Niederle Media

Bezug möglich direkt vom Verlag
Niederle Media
48341 Altenberge
Fax (02505) 93 98 99
E-Mail: info@niederle-media.de
www.niederle-media.de

Druck:

▶ Inhalt

▶ Basiswissen Familienrecht

▶ Vorwort

Dieses Skript ist gedacht als Einführung in die Grundlagen des Familienrechts. Das Familienrecht wird in Klausuren häufig in Verbindung mit anderen Rechtsgebieten geprüft. So bilden z. B. die §§ 1357, 1365, 1369 BGB eine Schnittstelle zum BGB-AT und sind nur in diesem Kontext verständlich. Diesbezügliche Kenntnisse sind daher unerlässlich.

Darüber hinaus spielt das Familienrecht eine Rolle für das zweite jur. Staatsexamen: Grundzüge des materiellen und prozessualen Familienrechts sind zu beherrschen, d. h. Begriffe wie Zugewinnausgleich, Scheidung, Sorgerecht und Unterhalt müssen bekannt sein.

Durch die am **01.01.2008** in Kraft getretene **Unterhaltsreform** hat sich das Unterhaltsrecht in umfangreichem Maße geändert, so dass diesem Teil des Familienrechts ein eigenes Kapitel gewidmet wird. Die Änderungen dürften beliebter Prüfungsgegenstand vor allem in den mündlichen Prüfungen der Staatsexamina sein, und zwar nicht nur im Rahmen der Wahlfachgruppe. Im Rahmen der Lektion „Unterhaltsrecht" soll das Skript daher einen Überblick über die wesentlichen neuen gesetzlichen Regelungen geben.

Das Skript ermöglicht aufgrund seiner Darstellungsform im Frage-Antwort-Stil einen leichten Einstieg in die mitunter komplexe Materie des Familienrechts. Mit Hilfe des Skripts kann Grundwissen schnell wieder aufgefrischt werden. Vor Prüfungen dient es dazu, sich kurzfristig einen Überblick über das Rechtsgebiet zu verschaffen.

Ich wünsche Ihnen viel Erfolg für Ihre Prüfungen,

Manuela Schmidt

▶ Unsere 📖 Skripten 🗂 Karteikarten 🎧 Hörbücher (Audio-CDs)

Zivilrecht (je 7 €*)

- 📖 Standardfälle für Anfänger und 📖 Standardfälle für Fortg.
- 📖 Grundlagen und Fälle BGB für 1. und 2. Sem. (9,90 €)
- 📖 Standardfälle BGB AT
- 📖 Standardfälle Schuldrecht (7,90 €)
- 📖 Standardfälle Ges. Schuldverh. (§§ 677, 812, 823)
- 📖 Standardfälle Sachenrecht
- 📖 Standardfälle Familien- und Erbrecht
- 📖 Originalklausuren Übung für Fortgeschrittene
- 📖 🎧 Basiswissen BGB (AT) (Frage-Antwort)
- 📖 🎧 Basiswissen SchuldR (AT) und 📖 🎧 SchuldR (BT)
- 📖 🎧 Basiswissen Sachenrecht, 📖 🎧 FamR, 📖 🎧 ErbR
- 📖 Einführung in das Bürgerliche Recht
- 📖 Studienbuch BGB (AT) (9,90 €)
- 📖 Studienbuch Schuldrecht (AT) (9,90 €)
- 📖 Schuldrecht (BT) 1 - §§ 437, 536, 634, 670 ff.
- 📖 Schuldrecht (BT) 2 - §§ 812, 823, 765 ff.
- 📖 SachenR 1 – Bewegl. S., 📖 SachenR 2 – Unbewegl S.
- 📖 Familienrecht und 📖 Erbrecht
- 📖 Streitfragen Schuldrecht
- 📖 🎧 Definitionen für die Zivilrechtsklausur (9,90 €)

Strafrecht (je 7 €*)

- 📖 Standardfälle für Anfänger Band 1 (9,90 €)
- 📖 Standardfälle für Anfänger Band 2
- 📖 Standardfälle für Fortgeschrittene (9,90 €)
- 📖 🎧 Basiswissen Strafrecht (AT) (Frage-Antwort)
- 📖 Basiswissen Strafrecht (BT) in Vorbereitung
- 📖 Strafrecht (AT)
- 📖 Strafrecht (BT) 1 – Vermögensdelikte (7,90 €)
- 📖 Strafrecht (BT) 2 – Nichtvermögensdelikte (7,90 €)
- 📖 Jugendstrafrecht/Strafvollzug/Kriminologie
- 📖 🎧 Definitionen für die Strafrechtsklausur

Öffentliches Recht (je 7 €*)

- 📖 Standardfälle Staatsrecht I – StaatsorgaR (9,90 €)
- 📖 Standardfälle Staatsrecht II – Grundrechte (9,90 €)
- 📖 Standardfälle für Anfänger (StaatsorgaR u. Grundrechte)
- 📖 Standardfälle Verwaltungsrecht (AT) (7,90 €)
- 📖 Standardfälle Verwaltungsrecht für Fortgeschrittene
- 📖 Standardfälle Baurecht (7,90 €)
- 📖 Standardfälle Europarecht (7,90 €)
- 📖 Standardfälle Kommunalrecht (7,90 €)
- 📖 🎧 Basiswissen Staatsrecht I – StaatsorgaR (Frage-Antw.)
- 📖 🎧 Basiswissen Staatsrecht II – GrundR (Frage-Antw.)
- 📖 Basiswissen Verwaltungsrecht AT– (Frage-Antwort)
- 📖 Studienbuch Staatsorganisationsrecht (9,90 €)
- 📖 Studienbuch Grundrechte (9,90 €)
- 📖 Studienbuch Verwaltungsrecht AT (9,90 €)
- 📖 Studienbuch Europarecht (9,90 €) u. 🎧 Basiswissen EuR
- 📖 Staatshaftungsrecht (7,90 €)
- 📖 Verwaltungsrecht (AT) 1 – VwVfG u. 📖 (AT) 2 – VwGO
- 📖 Verwaltungsrecht (BT) 1 – POR (7,90 €)
- 📖 Verwaltungsrecht (BT) 2 – BauR u. 📖 (BT) 3 – UmweltR
- 📖 🎧 Definitionen Öffentliches Recht (9,90 €)

Steuerrecht (je 7 €*)

- 📖 Abgabenordnung (AO)
- 📖 Einkommensteuerrecht (EStG) (7,90 €)
- 📖 Umsatzsteuerrecht (UStG) (7,90 €)
- 📖 Erbschaftsteuerrecht: erscheint ca. November 2008!
- 📖 Steuerstrafrecht/Verfahren/Steuerhaftung (7,90 €)

Sozialrecht (je 7 €*)

- 📖 Kinder- und Jugendhilferecht
- 📖 Sozpäd. Diagn.: SPFH & ambul. Hilfen d. KJH
- 📖 Sozialrecht

Nebengebiete (je 7 €*)

- 📖 Standardfälle Handels- & GesellschaftsR
- 📖 Standardfälle Arbeitsrecht (7,90 €)
- 📖 🎧 Basiswissen Handelsrecht (Frage-Antwort)
- 📖 🎧 Basiswissen Gesellschaftsrecht (Fra.-Antwort)
- 📖 🎧 Basiswissen ZPO (Frage-Antwort) (7,90 €)
- 📖 🎧 Basiswissen StPO (Frage-Antwort)
- 📖 Handelsrecht
- 📖 Gesellschaftsrecht
- 📖 Arbeitsrecht (7,90 €)
- 📖 Kollektives Arbeitsrecht (7,90 €)
- 📖 ZPO I – Erkenntnisverfahren (7,90 €)
- 📖 ZPO II – Zwangsvollstreckung
- 📖 Strafprozessordnung – StPO
- 📖 IPR (7,90 €) und 📖 Standardfälle IPR (9,90 €)
- 📖 Insolvenzrecht
- 📖 Gewerbl. Rechtsschutz/Urheberrecht (7,90 €)
- 📖 Wettbewerbsrecht (7,90 €)
- 📖 500 Spezial-Tipps f. Juristen (10,90 €)
- 📖 Mediation (7,90 €)

Karteikarten (je 8,90 €)

- 🗂 Zivilrecht: BGB AT/SchuldR/SachenR/Schemata
- 🗂 Strafrecht: AT/BT-1/BT-2/Streitfragen
- 🗂 Öffentliches Recht: StaatsorgaR/GrundR/VerwR
- 🗂 Nebengebiete: ab November 2008

Assessorexamen (je 7 €*)

- 📖 Die Relationstechnik
- 📖 Der Aktenvortrag im Strafrecht
- 📖 Der Aktenvortrag im Wahlfach Strafrecht
- 📖 Der Aktenvortrag im Zivilrecht
- 📖 Der Aktenvortrag im Öffentlichen Recht
- 📖 Urteilsklausuren Zivilrecht
- 📖 Anwaltsklausuren Zivilrecht
- 📖 Staatsanwaltl. Sitzungsdienst & Plädoyer (7,90 €)
- 📖 Die strafrechtliche Assessorklausur
- 📖 Die öff.-rechtl. Assessorklausur Bd.1 (7,90 €)
- 📖 Die öff.-rechtl. Assessorklausur Bd.2
- 📖 Zwangsvollstreckungsklausuren
- 📖 Vertragsgestaltung in der Anwaltsstation

BWL & VWL (je 7 €*)

- 📖 Einführung in die Betriebswirtschaftslehre
- 📖 Einführung in die Volkswirtschaftslehre
- 📖 Ratg. „500 Spezial-Tipps für BWLer"
- 📖 Rechnungswesen
- 📖 Marketing
- 📖 Organisationsgestaltung & -entwickl. (7,90 €)
- 📖 Internationales Management
- 📖 Unternehmensführung
- 📖 Wie gelingt meine wiss. Abschlussarbeit?
- 📖 Ratgeber Assessment Center

Schemata (je 9,90 €)

- 📖 Die wichtigsten Schemata - ZivR,StrafR,ÖR
- 📖 Die wichtigsten Schemata - Nebengebiete

---

* 7,00 €, soweit nicht ein anderer Preis in ( ) angegeben ist! Irrtümer/Änd. vorbehalten!

🎧 bedeutet: auch als **Hörbuch** (Audio-CD) lieferbar (7,90 €)

Im **niederle-shop.de** bestellte Artikel treffen idR *nach 1-2 Werktagen* ein!

Lektion 1: Grundbegriffe des Familienrechts

Das Familienrecht des BGB geht von einigen **Grundbegriffen** aus, deren Verständnis für die Lösung familienrechtlicher Klausuren von wesentlicher Bedeutung ist. Die wichtigsten Grundbegriffe sollen im nachfolgenden Abschnitt erläutert werden.

1. Wo ist das Familienrecht geregelt und welchen Regelungsbereich hat es?

a) Das *materielle Familienrecht* ist im Wesentlichen im Vierten Buch des BGB (§§ 1297 bis 1921) enthalten. Außerdem sind relevant:

* das Personenstandsgesetz,
* das Kindschaftsreformgesetz,
* das Kindesunterhaltsgesetz,
* das Beistandschaftsgesetz,
* das Gesetz über die rechtliche Stellung der nichtehelichen Kinder,
* das Gesetz über die religiöse Kindererziehung,
* das Kinder- und Jugendhilfegesetz,
* das Lebenspartnerschaftsgesetz und
* das Gesetz zur Änderung des Unterhaltsrechts vom 21. Dezember 2007.

Das *Verfahrensrecht* in familienrechtlichen Streitigkeiten ist im Wesentlichen in den §§ 606 ff. ZPO geregelt.

b) Zum Familienrecht zählen

* das Eherecht (§§ 1297 – 1588 BGB)
* das Verwandtschaftsrecht (§§ 1589 – 1772 BGB) und
* das Vormundschafts-, Betreuungs- und Pflegschaftswesen (§§ 1773 – 1921 BGB).

2. Was ist unter „Familie" zu verstehen?

Das Familienrecht behandelt das Recht der „Familie", ohne einen exakten eigenen Familienbegriff zu definieren. Nach dem natürlichen Sprachgebrauch versteht man darunter die Gesamtheit aller durch Ehe, Verwandtschaft oder Schwägerschaft verbundenen Personen. Der Familienbegriff wird darüber hinaus nicht einheitlich verwendet. Zu unterscheiden sind insbesondere

* die mehrere Generationen umfassende Großfamilie als Gemeinschaft der Blutsverwandten und

- die höchstens zwei Generationen umfassende Kleinfamilie (§§ 1355, 1616 ff., 1360a, 1360b, 1617, 1618, 1666a, BGB).

3. Kommt der Familie als solcher Rechtssubjektsqualität zu?

Die **Familiengemeinschaft** als solche hat weder Rechtspersönlichkeit noch eigenes Vermögen; personenrechtliche und vermögensrechtliche Beziehungen bestehen nur zwischen den einzelnen Mitgliedern der Familie.

4. Wann sind Personen nach dem BGB miteinander „verwandt"?

Verwandtschaft geht über die durch Blutsverwandtschaft vermittelte hinaus. Sie umfasst

- die auf Abstammung beruhende Blutsverwandtschaft (§ 1589 BGB),
- die Schwägerschaft infolge Eheschließung (§ 1590 BGB) und
- die Annahme als Kind (§§ 1741 ff. BGB).

5. Wann sind Personen in gerader Linie, wann in der Seitenlinie miteinander verwandt?

Nach **§ 1589 BGB** sind Personen, deren eine von der anderen abstammt, in **gerader Linie** miteinander verwandt, z. B. Großmutter – Vater – Tochter (diejenigen, von denen man abstammt = Aszendenten; diejenigen, die von einem abstammen = Deszendenten).

Personen, die nicht in gerader Linie verwandt sind, aber von derselben dritten Person abstammen, sind in der **Seitenlinie** verwandt, z. B. Geschwister, Vettern und Neffe. Die Seitenverwandtschaft ist eine vollbürtige oder halbbürtige je nachdem, ob das Verbindende ein Paar oder nur Mann bzw. Frau ist.

6. Wonach bestimmt sich die Nähe der Verwandtschaft?

Die Nähe der Verwandtschaft bzw. der **Verwandtschaftsgrad**, ergibt sich im BGB durch die Zahl der die Verwandtschaft vermittelnden Geburten (§ 1589 I S. 3 BGB).

Beispiel: Kind K ist mit Vater und Mutter im 1. Grad verwandt, da das Verwandtschaftsverhältnis durch *eine* Geburt (die Geburt von K) vermittelt wird. Mit seinem Bruder und seiner Schwester ist K jeweils im 2. Grad verwandt, da die Verwandtschaft jeweils durch zwei Geburten (Geburt der Bezugsperson und Geburt des Bruders / der Schwester) vermittelt wird. Die eigene Geburt wird stets mitgezählt, nicht hingegen die Geburt der Person, welche die Verwandtschaft herstellt!

7. Welche Rechtsfolgen sind im Familienrecht mit der Verwandtschaft verbunden?

Das Familienrecht knüpft an die Verwandtschaft zahlreiche Rechte, Pflichten, Verbote und sonstige Maßgaben. Auf Verwandtschaft ist das Unterhaltsrecht des BGB gegründet, soweit nicht Ehegattenunterhalt betroffen ist. Unterhaltsansprüche und -pflichten sind vom BGB aber auf die Verwandtschaft in gerader Linie begrenzt und bestehen zwischen Seitenverwandten nicht.

8. Was ist unter dem Begriff der Schwägerschaft zu verstehen und welche Rechtsfolgen hat diese?

a) Begriff der Schwägerschaft

Der **Begriff der Schwägerschaft** ist in § 1590 BGB definiert. Danach ist man mit Verwandten seines Ehegatten und mit den Ehegatten seiner Verwandten verschwägert.

Beispiel: Ehefrau EF ist mit den Eltern, Geschwistern usw. ihres Ehemannes EM verschwägert.

Nicht verschwägert sind hingegen die Verwandten des einen Ehegatten mit den Verwandten des anderen Ehegatten.

Beispiel: Bruder B des Ehemannes EM ist nicht mit der Schwester der Ehefrau EF verschwägert.

Linie und Grad der Schwägerschaft bestimmen sich nach der sie vermittelnden Verwandtschaft (i. S. v. § 1589 BGB), § 1590 I S. 2 BGB.

> **Merke:** Die Schwägerschaft dauert auch nach der Ehe-Auflösung fort!

b) Die rechtliche Bedeutung der Schwägerschaft

Die rechtliche Bedeutung der Schwägerschaft orientiert sich an der Verwandtschaft, ist aber weitaus geringer. Gesetzliche Ansprüche zwischen Verschwägerten kennt das Familienrecht nicht. Ein Unterhaltsrecht für Verschwägerte in Entsprechung zum Verwandtenunterhalt besteht nicht. Die Bedeutung der Schwägerschaft im Familienrecht beschränkt sich auf die Beteiligung im Vormundschaftsrecht (§§ 1779 II 2, 1847 I 1 BGB).

Lektion 2: Das Verlöbnis

1. Was versteht man unter „Verlöbnis" (§§ 1297 ff. BGB, § 1 III LPartG)?

Das BGB definiert das **Verlöbnis** nicht, sondern setzt den Begriff voraus.

Unter **Verlöbnis** versteht man

- sowohl das wechselseitige Versprechen von Mann und Frau, die Ehe einzugehen,

- als auch das durch dieses Versprechen begründete Rechtsverhältnis (sog. Brautstand).

Das am 01.08.2001 in Kraft getretene Lebenspartnerschaftsgesetz (LPartG) kennt seit dem 01.01.2005 auch ein dem Verlöbnis entsprechendes Institut (§ 1 III LPartG). Die Vorschriften der §§ 1297 II, 1298 - 1302 BGB gelten entsprechend.

2. Wie kommt ein Verlöbnis zustande?

Umstritten ist, welche Rechtsnatur das Verlöbnis hat. Folgende Theorien werden hierzu vertreten:

a) Die Vertragstheorie (h.M.)

Nach der **herrschenden Vertragstheorie** handelt es sich bei dem Verlöbnis um einen formlos gültigen Vertrag, auf den die §§ 106 ff, BGB Anwendung finden. Für die Wirksamkeit des Verlöbnisses lässt die h.M. die Einsichtsfähigkeit des Minderjährigen genügen und fordert nur für die vermögensrechtlichen Folgen die Einwilligung des gesetzlichen Vertreters.

b) Die Theorie des familienrechtlichen Vertrages

Die Theorie des familienrechtlichen Vertrages postuliert einen Vertrag sui generis und wendet die Vorschriften des BGB-AT nur eingeschränkt entsprechend auf diesen an. Diese Theorie setzt eine besondere „Verlöbnisfähigkeit" voraus, für die ein Teil auf die individuelle geistige Reife, ein anderer auf die Ehemündigkeitsvorschriften (§ 1303 BGB) abstellt. Anders als bei einer Anwendung der §§ 107, 108 BGB ist das Verlöbnis eines Minderjährigen ohne Zustimmung des gesetzlichen Vertreters *nicht* schwebend *unwirksam*, sondern analog dem früheren § 30 Ehegesetz (EheG) *schwebend wirksam*.

c) Die Theorie des gesetzlichen Schuldverhältnisses (Vertrauenstheorie)

Nach der **Theorie des gesetzlichen Schuldverhältnisses** handelt es sich beim Verlöbnis um ein gesetzliches Rechtsverhältnis der Vertragsvorbereitung, das unabhängig vom Willen der Parteien entsteht. Das Vertrauensverhältnis wird begründet durch die erkennbare Bereitschaft zur Eheschließung und das erkennbare Vertrauen des Partners auf diese Bereitschaft. Danach ist das Verlöbnis kein Vertrag, sondern ein gesetzliches Rechtsverhältnis. Hierbei gelten die allgemeinen Vorschriften über Rechtsgeschäfte nicht.

d) Stellungnahme

Gegen die Theorie des gesetzlichen Schuldverhältnisses spricht, dass sie den rechtsgeschäftlichen Charakter des gegenseitigen Eheversprechens verkennt.

Die Theorie vom familienrechtlichen Vertrag führt zur Rechtsunsicherheit, indem sie ein „Sonderrecht" für Verlobte konstruiert, das im Gesetz keinerlei Grundlage findet.

Recht hat die herrschende Vertragstheorie. Gegen sie wird vorgebracht, dass die §§ 1298 ff. BGB von den schuldrechtlichen Rechtsfolgen beim Rücktritt (nämlich Umwandlung in ein Rückgewährschuldverhältnis) abweichen, was gegen den Vertragscharakter spreche. Ein Rückgewährschuldverhältnis *kann* jedoch Folge des Rücktritts sein, *muss* es jedoch *nicht* und ist es oft mangels zuvor erbrachter Leistungen auch nicht.

Ferner wird der Vertragstheorie vorgeworfen, dass sie einem einsichtsfähigen Minderjährigen (wegen §§ 107 ff. BGB) verwehre, unabhängig von seinen gesetzlichen Vertretern ein Verlöbnis einzugehen und ihm damit bei Rücktritt der „Verlobten" die Ansprüche aus §§ 1298 ff. BGB verweigere. Hiergegen ist allerdings einzuwenden, dass sich bereits aus § 109 II BGB ergibt, dass ein Volljähriger, der die Minderjährigkeit des Partners kannte, an das schwebend unwirksame Verlöbnis gebunden ist.

Für die Vertragstheorie spricht zunächst die Rechtsgeschichte, denn ein Verlöbnis war immer ein Vertrag, und dafür, dass der BGB-Gesetzgeber davon abrücken wollte, gibt es keine Anzeichen. Für die Vertragstheorie spricht ferner der Wortlaut des § 1297 BGB. Die Vertragstheorie bietet insgesamt sowohl eine systemgerechte als auch eine interessengerechte Lösung.

3. Welche Rechtswirkungen entfaltet das Verlöbnis?

Die **Rechtsfolgen** des Verlöbnisses sind vielfältig, genannt seien z.b.

- Pflicht der Verlobten, die Ehe einzugehen; diese Pflicht kann nicht eingeklagt werden, § 1297 BGB;

- aus dem Rechtsverhältnis resultierende inhaltliche Pflichten, z.b. Pflicht zur Verlöbnistreue und Pflicht zur Beistandsleistung;

- Erstreckung bestimmter Eheprivilegien auf Verlobte, z.b. das Recht, Eheverträge schließen zu können;

- Privilegierung Verlobter im materiellen Strafrecht, z.b. erklärt § 11 I Nr. 1a StGB sie zu Angehörigen;

- Zeugnisverweigerungsrecht, § 52 StPO;

- Auskunftsverweigerungsrecht.

4. Wann ist die Unwirksamkeit eines Verlöbnisses gegeben?

Unwirksam ist ein Verlöbnis, wenn ein Partner oder beide noch verheiratet sind oder in eingetragener Lebensgemeinschaft leben. Dies gilt auch dann, wenn ein Scheidungs- bzw. Aufhebungsverfahren bereits anhängig ist. Allerdings können auch in diesem Fall zumindest die zivilrechtlichen Schutzwirkungen zu Gunsten desjenigen Partners greifen, der von der noch bestehenden Ehe bzw. Lebenspartnerschaft des anderen nichts wusste. Die weiteren prozessualen Rechte bestehen jedoch nicht. Sind beide Partner in einer noch bestehenden Rechtsbindung, so ist das Verlöbnis nichtig und die Schutzwirkungen treten nicht ein.

5. Wie wird das Verlöbnis beendet?

Beendet wird das Verlöbnis durch Eheschließung, Tod, Entlobung (z.B. durch einen Aufhebungsvertrag), nachträgliche Unmöglichkeit oder Eintritt einer auflösenden Bedingung. Besondere Regelung hat im Gesetz nur die Auflösung durch Rücktritt (§§ 1298, 1299 BGB) gefunden.

Der Rücktritt ist dabei jederzeit durch formlose, einseitig empfangsbedürftige Willenserklärung möglich. Selbst schlüssiges Verhalten reicht aus, z.B. Rückgabe des Verlobungsringes. Ein Grund muss für die Verlöbnisbeendigung nicht gegeben sein.

Dabei ist zu beachten, dass der Minderjährige trotz möglicher nachteiliger Folgen nicht gem. § 111 BGB der Einwilligung des gesetzlichen Vertreters bedarf. Aus der Wertung des § 1297 BGB folgt vielmehr, dass niemand gegen seinen Willen an ein Verlöbnis gebunden sein soll.

6. Besteht bei Auflösung und Beendigung des Verlöbnisses ein Anspruch auf Rückgabe von Geschenken?

Für alle Fälle, in denen ein Verlöbnis nicht zur Eheschließung führt, sieht das Gesetz in § 1301 BGB die **Rückgabe der Verlobungsgeschenke** und der zum Zeichen des Verlöbnisses übergebenen Gegenstände (z.B. Verlobungsring) vor. Der Schenkungsbegriff ist weit auszulegen und erfasst grundsätzlich alle Zuwendungen, die mit der Auflösung des Verlöbnisses seine Grundlage verlieren.
Es handelt sich hierbei um einen eigenständigen, indes systematisch dem Bereicherungsrecht zugeordneten Herausgabeanspruch, auf den wegen dieses Charakters die Vorschriften der §§ 812 ff. BGB nicht nur i.s. einer Rechtsfolgenverweisung, sondern auch unter Einschluss der §§ 814, 815 BGB Anwendung finden.

7. Besteht bei Rücktritt vom Verlöbnis eine Schadensersatzpflicht des Zurücktretenden?

Als Rücktrittsfolge erlegt das BGB in § 1298 I, II dem zurücktretenden Verlobten *den Ersatz des Aufwendungsschadens* der anderen Seite auf.

8. Wer ist anspruchsberechtigt?

Anspruchsberechtigt sind neben dem anderen Verlobten dessen Eltern und Personen, die an deren Stelle Aufwendungen für den Verlobten im Hinblick auf die Eheschließung gemacht haben, z.b. Aussteuer durch die Großeltern.

9. Welche Schäden sind zu ersetzen?

Zu ersetzen sind alle Schäden, die daraus entstanden sind, dass die Betroffenen in Erwartung der Ehe bzw. Lebenspartnerschaft Aufwendungen gemacht haben oder Verbindlichkeiten eingegangen sind (Begrenzung der Schadensersatzpflicht auf den Ersatz des *negativen Interesses*). Hierzu gehören insbesondere Anschaffungen für den künftigen Haushalt, Aufwendungen für die Verlobungsfeier sowie die Kosten der künftigen Hochzeit einschließlich der Hochzeitsreise etc. Nicht zu ersetzen sind dagegen Kosten, die durch das voreheliche Zusammenleben angefallen sind. Dem Partner, nicht jedoch Dritten, sind ferner solche Schäden zu ersetzen, die dieser dadurch erleidet, dass er in Erwartung der Ehe bzw. Lebenspartnerschaft sonstige sein Vermögen oder seinen Erwerb berührende Maßnahmen getroffen hat (§ 1298 I S. 2

14

BGB, § 1 III S. 2 LPartG). Hierzu zählen die Aufgabe einer beruflichen Stellung, die Kündigung einer Mietwohnung oder der Verkauf einer Eigentumswohnung. Es darf sich nicht um unüberlegte Maßnahmen handeln; größere Investitionen müssen mit dem Partner abgesprochen werden.

10. Besteht eine Schadensersatzpflicht auch bei Rücktritt „aus wichtigem Grund"?

Erfolgt der Rücktritt aus **wichtigem Grund**, besteht grundsätzlich keine Schadensersatzpflicht des Zurücktretenden aus § 1298 I, II BGB (§ 1298 III BGB). „Wichtig" ist in diesem Sinne jeder Grund, der die Eheschließung unzumutbar macht. Im Vordergrund stehen Untreue, Lieblosigkeit oder unheilbare Krankheit des Partners. Dabei liegt dieser wichtige Grund i.d.R. beim anderen Verlobten, dies ist aber nicht zwingend; er kann auch in der Person des Zurücktretenden liegen.

11. Wann besteht trotz Vorliegens eines wichtigen Grundes eine Schadensersatzpflicht des Zurücktretenden?

Ausnahmsweise ist der Zurücktretende schadensersatzpflichtig, wenn er den wichtigen Grund selbst herbeigeführt hat oder zur Unzeit (z.b. erst am Hochzeitstag) zurücktritt (§§ 627 II, 671 II, 723 II BGB analog).

12. Wann verjähren die Ansprüche der §§ 1298 ff. BGB?

Die Ansprüche der §§ 1298 ff. BGB **verjähren** im Interesse einer alsbaldigen Beendigung des Verhältnisses zwischen den ehemaligen Verlobten in der knappen Verjährungszeit **von zwei Jahren** (§ 1302 BGB) ab Auflösung bzw. Beendigung des Verlöbnisses.

Lektion 3: Die Ehe

I. Die Eheschließung

1. Was besagt der Grundsatz der „obligatorischen Zivilehe"?

Nach § 1310 I S. 1 BGB wird die Ehe (nur) dadurch geschlossen, dass die Eheschließenden vor dem Standesbeamten erklären, die Ehe miteinander eingehen zu wollen (sog. **obligatorische Zivilehe**). Ob daneben andere „Eingehungsformen" zugelassen werden sollen, etwa die kirchliche Trauung, ist umstritten. Wird im Ausland eine Ehe in der dort vorgesehenen Form geschlossen, nehmen wir sie als wirksam hin, auch

- bei der Eheschließung durch einen Friedensrichter (USA),
- bei der kirchlichen Trauung (England, USA),
- oder sonst, wenn dies dort so vorgesehen ist.

2. Welche Voraussetzungen hat eine fehlerfreie Eheschließung?

Die materiellen Voraussetzungen und die Form der Eheschließung regelt das BGB in den §§ 1303-1312. Die verfahrensrechtlichen Vorschriften der §§ 3-15c Personenstandsgesetz (PStG) treten hinzu.

Eine fehlerfreie Eheschließung setzt danach voraus:

- Geschlechtsverschiedenheit[1];
- Ehefähigkeit, §§ 1303 f. BGB;
- Fehlen von Eheverboten und Willensmängeln, §§ 1306 ff. und 1314 BGB und
- Einhaltung von Formvorschriften, §§ 1309 – 1312 BGB.

3. Was ist unter dem Begriff der „Ehefähigkeit" zu verstehen?

Ehefähigkeit ist die Fähigkeit, eine wirksame Ehe einzugehen, ohne gegen das Gesetz zu verstoßen. Sie setzt zum einen die **allgemeine Geschäftsfähigkeit** und zum anderen die **Ehemündigkeit** voraus.

a) Geschäftsfähigkeit

Geschäftsunfähige i.S.v. § 104 BGB können eine Ehe nicht wirksam eingehen (§ 1304 BGB). Die Voraussetzungen der Geschäftsunfähigkeit ergeben sich aus § 104 Nr. 2 BGB; § 104 Nr. 1 wird durch die lex specialis des § 1303 BGB verdrängt. § 104 Nr. 2 BGB erklärt denjenigen

---

[1] Ungeschriebenes Merkmal, s. nur *BVerfG*, Beschl. V. 04.10.1993 – 1 BvR 640/93, MDR 1993, 1208 = NJW 1993, 3058.

für geschäftsunfähig, der sich in einem die freie Willensbestimmung ausschließenden Zustand krankhafter Störung der Geistestätigkeit befindet, sofern nicht der Zustand seiner Natur nach ein vorübergehender ist.

b) Ehemündigkeit

Die Ehemündigkeit ist keine der Geschäftsfähigkeit vergleichbare Eigenschaft. Sie besagt vielmehr lediglich, dass das gesetzliche Mindestalter für die Eheschließung (Heiratsalter) erreicht ist. Nach § 1303 I BGB soll eine Ehe nicht vor Eintritt der Volljährigkeit eingegangen werden. Das Familiengericht kann auf Antrag vom Erfordernis der Volljährigkeit befreien, wenn der Antragsteller das 16. Lebensjahr vollendet hat und sein künftiger Ehegatte volljährig ist (§ 1303 II BGB). Maßstab für die Entscheidung des Familiengerichts ist ausschließlich das Wohl des Antragstellers, also weder ein öffentliches Interesse der Eltern noch das Interesse des anderen Eheschließungswilligen. Die Befreiung muss erteilt werden, wenn das Wohl des Minderjährigen der beabsichtigten Eheschließung nicht entgegensteht. Die Befreiungsentscheidung macht den Minderjährigen ehefähig (§ 1303 IV BGB); die Rechte der gesetzlichen Vertreter werden dadurch gewahrt, dass sie im Befreiungsverfahren Widerspruch einlegen können und dieser Widerspruch die Befreiung nur dann nicht verhindert, wenn er nicht auf „triftigen Gründen" (einer genügt!) beruht (§ 1303 III BGB).

4. Welche Willensmängel stellen hinsichtlich der Eheschließung beachtliche Fehler dar?

Bezüglich der Beachtlichkeit von Willensmängeln enthält § 1314 II BGB eine abschließende Regelung. Die Vorschriften des BGB-AT gelten nicht, § 1313 S. 3 BGB.

Beachtliche Willensmängel sind:

- Bewusstlosigkeit / vorübergehende Störung der Geistestätigkeit, § 1314 II Nr. 1 BGB;
- irrige Abgabe der Eheschließungserklärung, § 1314 II Nr. 2 BGB;
- arglistige Täuschung, § 1314 II Nr. 3 BGB;
- widerrechtliche Drohung, § 1314 II Nr. 4 BGB und
- Scheinehe, § 1314 Nr. 5 BGB.

5. Welche Eheverbote regelt das BGB?

Die Eheverbote sind in den §§ 1306 ff. BGB abschließend aufgeführt:

* Doppelehe oder Bestehen einer Lebenspartnerschaft (§ 1306 BGB) und
* Verwandtschaft in gerader Linie sowie vollbürtige und halbbürtige Geschwisterschaft (§ 1307 BGB).[2]

6. Wann wird ein sog. Ehefähigkeitszeugnis benötigt?

Bei der Eheschließung von Ausländern ist in der BRD nach § 1309 BGB ein besonderes Ehefähigkeitszeugnis vorgesehen. Von der Vorlage kann nur unter den Voraussetzungen des § 1309 II BGB befreit werden (viele Staaten erteilen allerdings von vornherein keine Zeugnisse dieser Art, ein Umstand, der zu berücksichtigen ist, dazu § 166 IV DA Standesbeamte). Deshalb weichen manche „Heiratswillige" auf andere Länder aus, die die Vorlage eines solchen Zeugnisses nicht verlangen, insbesondere nach Dänemark. Heiraten sie dort, ist die Ehe für uns „gültig", wenn nicht weitere Ehehindernisse oder Eheverbote bestehen, die mit der (fehlenden) Vorlage des Ehefähigkeitszeugnisses keine Verbindung haben.

7. Welche Rechtsfolgen kann ein Verstoß gegen Vorschriften über die Eheschließung haben?

Entweder es entstehen keinerlei Rechtswirkungen der Ehe („Nichtehe") oder es liegt nur eine **aufhebbare Ehe** vor.

8. Welche Verstöße führen zur „Nichtehe"?

Eine **„Nichtehe"** wird angenommen, wenn folgende, besonders schwerwiegende Verstöße vorliegen:

a) wenn die Ehe nicht vor dem Standesbeamten stattfindet (§ 1310 I 1 BGB),
b) wenn nicht von beiden Personen, zwischen denen die Ehe zustande kommen soll, eine Ehewillenserklärung vorliegt,
c) wenn es sich um Personen des gleichen Geschlechts handelt,
d) wenn von vornherein eine Eheschließung von mehr als zwei Personen versucht werden sollte (bei sukzessiv eintretender Bigamie s. § 1306 BGB).

---

[2] Dies gilt auch bei Erlöschen der Verwandtschaft durch eine Adoption (§ 1307 S. 2 BGB). Eine Ausnahme vom Eheverbot der Verwandtschaft gilt bei durch Adoption begründeter Verwandtschaft (§ 1308 BGB).

9. Ist es möglich, in Zweifelsfällen das Nichtbestehen einer Ehe zwischen bestimmten Personen gerichtlich klären zu lassen?

Ja. Die ZPO kennt ein Verfahren auf Feststellung des Bestehens oder Nichtbestehens einer Ehe zwischen den Parteien, für welches das Familiengericht ausschließlich zuständig ist (§ 606 I 1 ZPO, § 23a Nr. 4, § 23b I 2 Nr. 1 GVG).

10. Was bedeutet „Aufhebbarkeit der Ehe"?

Eine aufhebbare Ehe kann auf Antrag durch gerichtliches Urteil mit Wirkung für die Zukunft aufgelöst werden. Die Auflösung tritt mit der Rechtskraft des Urteils ein (§ 1313 S. 1, 2 BGB).

11. Welches sind die Folgewirkungen der Aufhebung einer Ehe?

Die Folgen der Aufhebung orientieren sich am Scheidungsfolgenrecht, doch nur in einem eingeschränkten Umfang (§ 1318 I, II-IV BGB). Die Unterschiede zum Scheidungsfolgenrecht sollen insbesondere den redlichen Partner schützen.

II. Rechtswirkungen der Ehe

1. Welche Rechtswirkungen entfaltet die Ehe?

Unabhängig vom jeweiligen Güterstand entfaltet die Ehe in vielerlei Hinsicht Wirkungen:

- Verpflichtung zur ehelichen Lebensgemeinschaft, § 1353 I 2 BGB,
- erb- und vermögensrechtliche Wirkungen
- Unterhaltspflicht, §§ 1360, 1360a,1361 BGB
- Schlüsselgewalt, § 1357 BGB
- Name, § 1355 BGB
- Eigentumsvermutung, § 1362 BGB
- Haftungsmaßstab des § 1359 BGB (Sorgfalt in eigenen Angelegenheiten bei der Erfüllung der sich aus dem ehelichen Verhältnis ergebenden Verpflichtungen).

2. Welche Einzelpflichten werden von der ehelichen Lebensgemeinschaft umfasst?

§ 1353 I S. 2 enthält mit der Pflicht zur ehelichen Lebensgemeinschaft eine Generalklausel. Die Ergänzung im 2. Halbsatz („sie tragen füreinander Verantwortung") hat lediglich klarstellenden Charakter. Die Generalklausel lässt sich im Wesentlichen zu folgenden Fallgruppen konkretisieren:

1. Pflicht zur häuslichen Gemeinschaft
2. Pflicht zur Wahrung der ehelichen Treue
3. Pflicht zur Beistandsleistung, Hilfe- und Gefahrenabwehr
4. Pflicht zur einvernehmlichen Regelung gemeinsamer Angelegenheiten
5. Pflicht zur Rücksichtnahme
6. Pflicht zur Gewährung der Mitbenutzung von Ehewohnung und Hausrat
7. Pflicht zur Mitarbeit im Betrieb des Ehegatten
8. Haushaltsführung und Erwerbstätigkeit

3. Was bedeuten diese Pflichten im Einzelnen?

Zu 1.: Pflicht zur häuslichen Gemeinschaft

Untrennbar mit der Ehe verbunden ist das Leben in häuslicher Gemeinschaft. Die daraus resultierende Pflicht zum Zusammenleben ist aber in besonderem Maße von der konkreten Situation der Ehegatten abhängig, insbesondere auch von der Fähigkeit der Ehegatten, sich über wesentliche Punkte des Zusammenlebens zu einigen. Grundsätzlich gilt, dass keinem Ehegatten bezüglich des Wohnsitzes ein Alleinentscheidungsrecht zusteht. Können sich die Eheleute nicht einigen, so gibt es keine die Entscheidung ersetzende Instanz: Das Familiengericht ist nur zuständig bei Meinungsverschiedenheiten der Eltern bezüglich der elterlichen Sorge (§ 1628 BGB).

Die Eheherstellungsklage (§ 606 I ZPO) wäre zulässig, aber ohne Aussicht auf Erfolg, da ein Ehegatte nur verpflichtet ist, sich mit dem anderen zu besprechen, nicht aber, sich dessen Wünschen unterzuordnen.

Zu 2.: Pflicht zur Wahrung der ehelichen Treue

Aus § 1353 BGB resultiert auch die Pflicht zur ehelichen Treue, insbesondere in geschlechtlicher Hinsicht. Eine Vollstreckung scheitert allerdings an § 888 III ZPO. Verstöße gegen die eheliche Treuepflicht haben heute für den Unterhaltsausschluss gem. § 1579 Nr. 6 BGB die größte Bedeutung. Grundsätzlich sind Ehegatten auch zur Geschlechtsgemein-

20

schaft verpflichtet, wobei die Rspr. hierzu mitunter detaillierte An-
weisungen („Gestattung in Zuneigung, ohne Gleichgültigkeit zur Schau zu
stellen"[3]) gegeben hat. Umstritten ist insoweit, ob – wie dies in den USA
beispielsweise üblich ist – diesbezügliche Vereinbarungen zulässig sind.[4]
Möglich ist es, im beiderseitigen Einvernehmen auf sexuelle Kontakte zu
verzichten (sog. Onkelehe).

Zu 3.: Pflicht zur Beistandsleistung, Hilfe- und Gefahrenabwehr

Ehegatten sind im Rahmen des Zumutbaren verpflichtet, einander Schutz
und Beistand zu gewähren. Daraus folgt die strafrechtliche Garanten-
pflicht i.S.d. § 13 StGB, den Selbstmord oder Straftaten des anderen zu
verhindern.

**Zu 4.: Pflicht zur einvernehmlichen Regelung gemeinsamer
Angelegenheiten**

Die gemeinsamen Angelegenheiten müssen die Ehegatten aufgrund
§ 1353 BGB im gegenseitigen Einvernehmen regeln. Keiner der Ehegatten hat hier ein „Alleinbestimmungsrecht".

Zu 5.: Pflicht zur Rücksichtnahme

Jeder Ehegatte hat in seinen persönlichen Angelegenheiten Rücksicht auf
den anderen zu nehmen (gesetzlich geregelter Spezialfall: § 1356 II 2
BGB). Die Pflicht zur Rücksichtnahme kann sich insbesondere auf die
Geltendmachung vermögensrechtlicher Ansprüche gegen den Ehegatten
auswirken. § 1353 BGB entfaltet dann Schrankenfunktion. Die Pflichten
zur Rücksichtnahme und zur Selbstentfaltung können kollidieren. Jeder
Ehegatte hat ein Recht auf Wahrung der eigenen Persönlichkeitssphäre.
Hierzu gehören die Achtung des Brief- und Telefongeheimnisses,[5] die
Wahrung der Intimsphäre und die Entscheidung über Kleidung, Haar-
schnitt etc.
Der individuellen Entscheidung unterliegen auch die politische, religiöse,
wissenschaftliche und künstlerische Betätigung. Selbst im Bereich der
Freizeitgestaltung soll jedem Ehegatten ein gewisser Freiraum bleiben.
Umgekehrt muss jeder Ehegatte auch in den vorgenannten Bereichen
Rücksicht auf den anderen und die eheliche Gemeinschaft nehmen. Dies
gilt beispielsweise auch bei einem Konfessionswechsel und bei beruf-
lichen Entscheidungen.

---

[3] *BGH*, Urt. v. 2.11.1966 – IV ZR 239/65, NJW 1967, 1078 u. *AG Brühl*, Urt. v.
24.03.1999 – 32 F 65/98, NJWE-FER 2000, 51.
[4] Vgl. *Grziwotz*, FamRZ 2002, 1154 ff.; vgl. auch *Haller*, MDR 1994, 426 ff.
[5] *BGH*, Urt. v. 20.02.1990 – VI ZR 241/89, FamRZ 1990, 846.

Zu 6.: Pflicht zur Gewährung der Mitbenutzung von Ehewohnung und Hausrat

Jeder Ehegatte ist verpflichtet, dem anderen die **Mitbenutzung** der ihm gehörenden Hausratsgegenstände zu gestatten. Gleiches gilt für die nur einem Ehegatten gehörende oder nur von einem Ehegatten gemietete Ehewohnung. Das Recht auf Mitbenutzung endet erst mit Rechtskraft der Scheidung oder einer anderweitigen Hausratsregelung nach §§ 1361a, 1361b.

Zu 7.: Pflicht zur Mitarbeit im Betrieb des Ehegatten

Grundsätzlich ist jeder Partner frei, welcher Tätigkeit er nachgehen möchte. Ausnahmsweise kann auch eine Mitarbeitspflicht im Berufsbereich des anderen Ehegatten bestehen. Sie kann sich ergeben aus:

- dem Unterhaltsrecht (sog. Unterhaltsarbeit). Voraussetzung ist, dass der Betrieb die wesentliche Einnahmequelle der Familie bildet und ohne die Mitarbeit in seinem Bestand gefährdet bzw. jedenfalls nicht mehr hinreichend rentabel wäre. Weitere Voraussetzung ist, dass der arbeitspflichtige Partner nicht anderweitig für ausreichende Einkünfte sorgen kann.

- der allgemeinen Rücksichtspflicht (sog. Pflichtmitarbeit), wenn die Mitarbeit in bestimmten Zwangssituationen – z.b. bei kurzfristigem Personalmangel – notwendig ist oder der einvernehmlich festgelegten Arbeitsteilung entspricht. Auch hier ist weitere Voraussetzung, dass bei einer Abwägung der beiderseitigen Interessen keine überwiegenden Gründe für eine „außerhäusige" Erwerbstätigkeit des betroffenen Partners sprechen.

- vertraglichen Vereinbarungen, insbesondere aus Arbeitsverträgen. Steuerlich ist hierbei allerdings der sog. Fremd- bzw. Drittvergleich zu beachten, wonach hinsichtlich des Inhalts der Vereinbarung ein Vergleich mit gleichgestellten Betriebsangehörigen anzustellen ist und die Durchführung des Vereinbarten auch tatsächlich erfolgt.

Zu 8.: Haushaltsführung und Erwerbstätigkeit

Im Rahmen des Zusammenlebens werden eine Vielzahl von Tätigkeiten für den Partner erbracht, die teils in persönlichen Dienstleistungen bestehen (Zubereiten von Mahlzeiten, Pflege des Partners, Reinigung der Wäsche, der Räume etc.), die aber auch wirtschaftlicher Art sein können

22

(Anschaffungen, Abschluss von Reparaturverträgen etc.).[6] Einen Teilbereich hieraus beschreibt der Begriff der Haushaltsführung, die die Ehegatten im Einvernehmen regeln sollen (§ 1356 I 1 BGB). Gemeint ist die gesamte Familienarbeit, also nicht nur der Bereich der „klassischen" Hausfrauentätigkeit. Zur Haushaltsführung gehören deshalb beispielsweise auch handwerkliche Arbeiten.

Den Gegensatz bildet die Erwerbstätigkeit. Beide Ehegatten sind berechtigt, berufstätig zu sein. Sie haben bei der Aufteilung von Erwerbstätigkeit und Haushaltsführung aufeinander Rücksicht zu nehmen (§ 1356 II BGB). Die Ehegatten können sich auf eine Alleinverdiener- oder Hinzuverdiener-Ehe einigen. Häufig werden diese Modelle im Rahmen der Familienphasen wechseln. Ist einem Partner die Haushaltsführung überlassen, leitet er den Haushalt in eigener Verantwortung (§ 1356 I 2 BGB). Die Eigenverantwortlichkeit schließt eine Weisungsbefugnis wie bei einem Arbeitverhältnis aus. Eine gemeinsame Einnahmen- und Ausgabenrechnung wird dadurch jedoch nicht untersagt. Zudem bestehen für den erwerbstätigen und für den haushaltsführenden Partner wechselseitige Informationsrechte und -pflichten.

Umstritten sind die Rechtsnatur und die Bindungswirkung des Einvernehmens, das die Ehegatten erzielen sollen.[7] Bei einer wesentlichen Änderung der Situation wird man jedem Partner gestatten müssen, sich von der einverständlich gewählten Funktionsteilung zu lösen. Praktische Bedeutung hat die Streitfrage bei einem Getrenntleben der Partner hinsichtlich der Betreuung der gemeinschaftlichen Kinder: Darf ein Partner von der einvernehmlich gewählten Betreuung durch Dritte (z.B. Kindergarten und Hort) abgehen und diese mit der Folge einer Unterhaltspflicht für den anderen Teil übernehmen?

4. Bestehen während der Ehe Unterhaltsansprüche der Ehegatten untereinander?

Beide Ehegatten sind verpflichtet, die Familie durch ihre Arbeit und mit ihrem Vermögen angemessen zu unterhalten (§ 1360 BGB). Der angemessene Unterhalt der Familie umfasst alles, was nach den Verhältnissen der Ehegatten erforderlich ist, um die Kosten des Haushalts zu bestreiten und die persönlichen Bedürfnisse der Ehegatten und den Lebensbedarf der gemeinsamen unterhaltsberechtigten Kinder zu befriedigen (§ 1360a I BGB).

---

[6] *Schwab*, FamR, Rn. 107.
[7] Vgl. Schwab, DNotZ (SoH) 2001, 9 [21].

5. Wonach bestimmt sich das Maß des Familienunterhalts?

Das Maß des Familienunterhalts bestimmt sich nach den ehelichen Lebensverhältnissen.[8] Der Haushalt betrifft die Ernährung, die Wohnung, deren Einrichtung, Putzmittel sowie den gesamten Hausrat. Die persönlichen Bedürfnisse der Partner umfassen die Kleidung, Kosmetika, kulturelle Bedürfnisse und sportliche Betätigung. Auch eine Aus- und Weiterbildung ist hierzu zu rechnen.[9] Der Lebensbedarf der Kinder umfasst die vorstehenden Bereiche sowie insbesondere auch die Kosten der schulischen und beruflichen Ausbildung.

6. Kann ein Ehegatte auch für die gemeinsamen Kinder Unterhalt verlangen?

Die Unterhaltsverpflichtung der Ehegatten betrifft die Familie, nicht nur die Ehegatten selbst. Jeder Ehegatte kann nicht nur für sich, sondern auch für die gemeinsamen Kinder Unterhalt verlangen. Demgegenüber sind die Ansprüche der Kinder gegen ihre Eltern nicht in § 1360 BGB, sondern in §§ 1601 ff. BGB geregelt.

7. In welcher Form ist die Unterhaltsleistung zu erbringen?

Anders als gewöhnliche Unterhaltsansprüche geht der Anspruch aus § 1360 S. 1 BGB nicht von vornherein auf eine Geldrente, sondern kann auch in Natur geleistet werden, § 1360a II S. 2 BGB. § 1360 S. 2 BGB stellt klar, dass auch die Haushaltsführung ein (hälftiger) Unterhaltsbeitrag ist und insoweit den finanziellen Leistungen des berufstätigen Ehegatten gleichsteht.

8. Wonach bestimmt sich der Ehename?

Familienname ist der von den Ehegatten gemeinsam geführte Name, § 1355 I 1 BGB; **Geburtsname** ist dagegen der Name jedes Ehegatten wie er zur Zeit der Eheschließung in die Geburtsurkunde eingetragen ist, § 1355 VI BGB. Nach früherem Recht, § 1355 I, mussten die Ehegatten einen gemeinsamen Ehenamen führen; dies ist durch die Reform des Familiennamensrechts geändert. Nun sollen beide Partner zwar einen Ehenamen bestimmen, aber sie müssen es nicht, § 1355 I BGB n. F. („Die Ehegatten *sollen* einen gemeinsamen Familiennamen (Ehenamen) bestimmen."). Bleiben sie untätig, führt jeder von ihnen auch nach der Eheschließung seinen bisherigen Namen fort, § 1355 I 3 BGB n. F.

---

[8] Vgl. auch *BGH*, Urt. v. 22.2.1995 – XII ZR 80/94, FamRZ 1995, 537 = NJW 1995, 1486.
[9] *BGH*, Urt. v. 19.12.1984   IV b ZR 57/83 = NJW 1985, 803.

9. Welcher Name kann als Ehename gewählt werden?

Zum Ehenamen kann sowohl der Geburtsname des Mannes als auch der Frau bestimmt werden, § 1355 II BGB. Die Wahl des Ehenamens soll bei Eheschließung erfolgen, kann aber auch später noch (durch öffentlich-beglaubigte Erklärung) nachgeholt werden, § 1355 III BGB; sie erfolgt stets gegenüber dem Standesbeamten, § 1355 II BGB.

10. Was ist unter der sog. „Schlüsselgewalt" zu verstehen?

Gemäß § 1357 BGB hat jeder Ehegatte (unabhängig vom Güterstand) das Recht, Geschäfte zur angemessenen Deckung des Lebensbedarfs der Familie mit Wirkung auch für und gegen den anderen Ehegatten zu tätigen. Die „Schlüsselgewalt" soll dem nicht erwerbstätigen Ehegatten eine eigenständige Haushaltsführung ermöglichen und gleichzeitig den Geschäftspartner schützen. Dieser erhält unabhängig davon, ob er Kenntnis von der bestehenden Ehe oder Lebenspartnerschaft hat, zwei Schuldner. Ist die Haushaltsführung einem Ehegatten überlassen, und zwar i.d.R. demjenigen, der kein eigenes Einkommen hat, so versetzt diesen Ehegatten erst § 1357 BGB in die Lage, der ihm zugefallenen Aufgabe gerecht zu werden.

11. Welche Voraussetzungen hat eine wirksame Mitverpflichtung des Ehegatten nach § 1357 BGB?

Eine wirksame Mitverpflichtung des Ehegatten nach § 1357 BGB hat folgende Voraussetzungen:

- bei Vertragsschluss wirksame Ehe, kein Getrenntleben, § 1357 III BGB;
- Geschäft zur angemessenen Deckung des Lebensbedarfs der Familie;
- keine entgegenstehenden Umstände, § 1357 I 2 HS 2 BGB und
- kein Ausschluss und keine Beschränkung der Schlüsselgewalt, § 1357 II BGB.

12. Was sind Geschäfte zur angemessenen Deckung des Lebensbedarfs?

Zur Deckung des Lebensbedarfs gehören alle Geschäfte, durch die der persönliche Bedarf der Ehegatten und der unterhaltsberechtigten Kinder befriedigt werden soll. Der Begriff entspricht insoweit dem unterhaltsrechtlichen in §§ 1360 BGB, 1610 BGB und ist entsprechend weit auszulegen.

Angemessen ist die Deckung, wenn sie nach Art und Umfang den durchschnittlichen Gebrauchsgewohnheiten einer Familie in vergleichbarer sozialer Lage entspricht. Entscheidend sind nicht die wirklichen Vermögens- und Einkommensverhältnisse, sondern die für Dritte erkennbare Lebensführung der Ehegatten bzw. Lebenspartner. Die Schlüsselgewalt umfasst nicht nur typische Haushaltsgeschäfte wie z.b. den Einkauf von Lebensmitteln, Kleidung, Kosmetikartikeln, Putzmitteln und den Abschluss von Versorgungsverträgen. Unter sie fallen ferner diejenigen Geschäfte, mit denen der persönliche Bedarf der Ehegatten bzw. Lebenspartner und unterhaltsberechtigter Kinder befriedigt werden soll, also auch der Einkauf von Sportartikeln, Büchern, DVDs und Elektrogeräten, Anschaffungen für die Wohnungseinrichtung, Deckung des Freizeitbedarfs sowie Krankenhaus- und Reiseverträge.

13. Wann liegen „andere Umstände" gem. § 1357 I 2 BGB vor?

Eine Verpflichtung und Berechtigung des anderen Ehegatten im Rahmen der Schlüsselgewalt tritt dann nicht ein, wenn sich aus den Umständen etwas anderes ergibt (§ 1357 I 2 BGB). Hierher gehören zunächst die Fälle, in denen der vertragsschließende Ehegatte (ausdrücklich oder konkludent) erklärt, dass die Wirkung des § 1357 I BGB nicht eintreten soll. Schließt ein Ehegatte einen Vertrag im Namen des anderen Ehegatten ab, wird er trotzdem aus diesem Vertrag verpflichtet und berechtigt, es sei denn, er hat eindeutig offen gelegt, dass eine eigene Bindung an den Vertrag ausgeschlossen sein soll. Insbesondere sind „Umstände" aber auch das Regulativ für die Entscheidung, ob ein Geschäft, das seinem Typ nach grundsätzlich „Schlüsselgewaltgeschäft" sein kann, im konkreten Fall zur Mitverpflichtung (und Mitberechtigung) des anderen Ehegatten führt.

14. Welche sind die wichtigsten Folgen der Schlüsselgewalt?

Bedarfsdeckungsgeschäfte nach § 1357 I BGB berechtigen und verpflichten beide Ehegatten; es entsteht eine **gesamtschuldnerische Haftung** der Ehegatten. Hinsichtlich der Berechtigung der Ehegatten aus einem Bedarfsdeckungsgeschäft besteht eine Gesamtgläubigerschaft nach § 428 BGB (str., a.A.: § 432 BGB). Die Schlüsselgewalt betrifft nach h.M. nur das Verpflichtungsgeschäft. § 1357 I BGB gilt nicht für dingliche Rechtsgeschäfte. Das bedeutet, dass der Ehegatte, der an einem Bedarfsdeckungsgeschäft nicht mitgewirkt hat, bei der Übereignung an den anderen Ehegatten nicht kraft Gesetzes Miteigentum erwirbt. Ein gemeinsamer Rechtserwerb ist danach nur anzunehmen, wenn der Wille der handelnden Parteien bei dem dinglichen Vollzug (§ 929 BGB) auf einen gemeinsamen Rechtserwerb beider Ehegatten bzw. Lebenspartner gerichtet ist. Grundsätzlich wird man die diesbezügliche Einigungserklärung so verstehen können, dass beide Ehegatten Eigentümer werden sollen.

26

15. Kann die Schlüsselgewalt beschränkt oder ausgeschlossen werden?

Ja. Die Schlüsselgewalt kann von jedem Ehegatten durch einseitige Erklärung beschränkt oder ausgeschlossen werden. Die Erklärung ist formlos und hat gegenüber dem Ehepartner oder dem Dritten zu erfolgen. Letzterem gegenüber wirkt sie nur, wenn sie ihm bekannt oder im Güterrechtsregister eingetragen ist (§§ 1357 II S. 2, 1412 BGB). Liegt für den Ausschluss oder die Beschränkung kein ausreichender Grund vor, so hat sie das Vormundschaftsgericht auf Antrag des betroffenen Ehegatten wieder aufzuheben. Nicht antragsberechtigt ist dagegen ein Dritter. Ein ehevertraglicher Ausschluss ist nicht möglich.

16. Besteht die Schlüsselgewalt bei Trennung der Eheleute fort?

Nein. Die Wirkungen des § 1357 I BGB treten nicht ein, wenn die Ehegatten dauernd getrennt leben (§ 1357 III BGB). Leben die Ehegatten im Zeitpunkt des Vertragsschlusses dauernd getrennt, tritt Mitverpflichtung des anderen Ehegatten selbst dann nicht ein, wenn der Vertragspartner von der Trennung nichts wusste und von einer Verpflichtung beider Ehegatten ausging.

17. Welche Sonderregelung enthält § 1362 BGB im Hinblick auf die Eigentumsvermutung unter Ehegatten? Durch welche Vorschrift der ZPO wird § 1362 BGB verfahrensrechtlich ergänzt?

§ 1362 I 1 BGB stellt eine Ausnahme zu § 1006 BGB dar. Nach § 1006 I BGB wäre bei Alleinbesitz oder Mitbesitz des nichtschuldenden Ehegatten Alleineigentum oder Miteigentum dieses Ehegatten anzunehmen. Zu Gunsten der Gläubiger eines Ehegatten wird vermutet, dass die im Besitz eines oder beider Ehegatten befindlichen beweglichen Gegenstände dem Schuldner gehören, also demjenigen Ehegatten, gegen den der Anspruch geltend gemacht bzw. die Vollstreckungsmaßnahme durchgeführt wird (§ 1362 I BGB). Die Vermutung besteht somit selbst dann, wenn der nicht schuldende Ehegatte Alleinbesitz hat.

Diese Vermutung muss der Ehegatte, der nicht Schuldner ist, widerlegen und seinen Eigentumserwerb nachweisen. Nicht zu beweisen braucht er, dass sein Eigentum seit dem Erwerb fortbesteht.[10] Der Nachweis des Eigentumserwerbs kann durch Rechnungen, aber auch durch eine (nicht rückdatierte) Vereinbarung der Ehegatten über die Eigentumsverhältnisse an den Hausratsgegenständen geführt werden.

---

[10] *BGH*, Urt. v. 26.11.1975 – VIII ZR 112/74, NJW 1976, 238.

27

Verfahrensrechtlich ergänzt wird § 1362 BGB durch § 739 ZPO, wobei die Gewahrsamsfiktion des § 739 ZPO i. V. m. § 1362 BGB nach h. M. nur über eine Drittwiderspruchsklage nach § 771 ZPO ausgeräumt werden kann.

18. Welche weitere, von § 1362 I BGB abweichende Vermutung enthält § 1362 II BGB?

Nach § 1362 II BGB wird im Verhältnis der Ehegatten untereinander und zu den Gläubigern vermutet, dass die ausschließlich zum persönlichen Gebrauch eines Ehegatten bestimmten Sachen auch dem Ehegatten gehören, für dessen Gebrauch sie bestimmt sind. Diese Vermutung gilt unabhängig von den Besitzverhältnissen. Sie wird durch Getrenntleben nicht aufgehoben. Ein Nachweis abweichender Eigentumsverhältnisse bleibt sowohl dem Partner als auch dem Gläubiger möglich.

Die Bestimmung zum persönlichen Gebrauch kann sich sowohl aus der Natur der Gegenstände (Schmuck, Kleidung) als auch aus dem faktischen Gebrauch für die persönlichen Zwecke eines der Ehegatten ergeben. Entscheidend ist der Zweck der Anschaffung. Wurde z.b. vom Ehemann Schmuck als Kapitalanlage angeschafft, so reicht es nicht aus, wenn sich die Frau darauf beruft, dass sie den Schmuck gelegentlich getragen habe. Vielmehr greift die Vermutung des § 1362 II BGB nur dann ein, wenn ihr der Schmuck vom Mann auch zur beliebigen Benutzung überlassen wurde. Bedeutsam ist die Frage z.b., wenn sich die Ehegatten scheiden lassen und der Mann den Schmuck herausverlangt.

19. Ist § 1362 BGB auf die nichteheliche Lebensgemeinschaft anwendbar?

§ 1362 BGB ist eine der seltenen „Ehevorschriften", die von der h. M. auf eine nichteheliche Lebensgemeinschaft analog angewendet werden. Hintergrund ist Art. 6 I GG. Ohne diese Analogie stünden Eheleute schlechter da als eine nichteheliche Lebensgemeinschaft, da bei dieser die Pfändung nach § 809 ZPO ausgeschlossen wäre, wenn der Lebensgefährte des Schuldners nicht zur Herausgabe der zu pfändenden Sachen bereit ist. Die analoge Anwendung des § 1362 BGB auf die nichteheliche Lebensgemeinschaft ist damit aufgrund verfassungskonformer Auslegung geboten.

20. Welche Vorschrift gilt im Innenverhältnis der Ehegatten zueinander, § 1362 BGB oder § 1006 BGB?

Im Innenverhältnis der Ehegatten, also in ihrem Verhältnis zueinander, gilt § 1006 bzw. § 1370 BGB, nicht § 1362 BGB.

21. Greift die Eigentumsvermutung ein, wenn die Eheleute getrennt leben und sich die Sachen im Besitz des nicht schuldenden Ehegatten befinden?

Nein. Die Eigentumsvermutung greift nicht ein, wenn die Ehegatten getrennt leben und sich die Sachen im Besitz des nicht schuldenden Ehegatten befinden (§ 1362 I 2 BGB). Ebenso wie bei der Schlüsselgewalt ist umstritten, ob es für das Getrenntleben auf die scheidungs- bzw. aufhebungsrechtlichen Voraussetzungen ankommt oder auf eine tatsächliche, nicht nur vorübergehende, nach außen erkennbare räumliche Trennung.

Lektion 4: Das eheliche Güterrecht

I. Allgemeines

1. Wo ist das eheliche Güterrecht geregelt und welchen Regelungsbereich hat es?

Das **eheliche Güterrecht** ist in den §§ 1363ff. BGB geregelt; es stellt den Kern des Ehevermögensrechts dar. Güterrecht ist traditionell Ehegüterrecht, d. h. das Recht der Vermögensverhältnisse von Ehegatten, im Innenverhältnis zwischen den Ehegatten wie im Verhältnis zur Außenwelt. Regelungsgegenstand des Güterrechts sind die Vermögensverhältnisse der Ehegatten.

2. Existiert auch für andere Lebensgemeinschaften ein Güterrecht?

Andere Lebensgemeinschaften kannten solches Güterrecht bislang nicht. Das Güterrecht der **eingetragenen Lebenspartnerschaft** unterscheidet sich seit dem 01.01.2005 nicht mehr von dem der Ehe. Die Lebenspartner leben im Güterstand der Zugewinngemeinschaft, wenn sie nicht durch Lebenspartnerschaftsvertrag nach § 7 LPartG etwas anderes vereinbaren; die §§ 1363 II, 1364-1390 BGB gelten entsprechend (§ 6 LPartG). Lebenspartnerschaftsverträge können nunmehr (§§ 7 S. 2 LPartG, 1412, 1558 ff. BGB) ebenso wie Eheverträge ins Güterrechtsregister eingetragen werden. Ein „Güterrecht der nichtehelichen Lebensgemeinschaft" gibt es hingegen bis heute nicht.

3. Was ist unter dem „Einheitssystem" und dem „Wahlprinzip" des BGB zu verstehen?

Sofern die Ehe nach in Kraft treten des Gleichberechtigungsgesetzes am 01.07.1958 geschlossen wurde, leben die Ehegatten gem. § 1363 I BGB im gesetzlichen Güterstand der Zugewinngemeinschaft, sofern sie nicht durch Ehevertrag etwas anderes vereinbaren.[11] Ehen, die vor dem 3.10.1990 in den neuen Bundesländern geschlossen wurden und für die der gesetzliche Güterstand der Eigentums- und Vermögensgemeinschaft des FGB galt, wurden durch Art. 234 § 4 EGBGB in den gesetzlichen Güterstand der Zugewinngemeinschaft überführt.

---

[11] Zu der bis 1958 geltenden Regelung für Altehen: Dethloff, Der lange Weg zur Gleichberechtigung im Familienrecht, FamRZ 2003, 1525.

4. Welche Güterstände unterscheidet das BGB?

Das BGB kennt folgende Güterstände:

- die Zugewinngemeinschaft als gesetzlicher Güterstand (§§ 1363 – 1390 BGB),
- die Gütertrennung (§ 1414 BGB) und
- die Gütergemeinschaft (§§ 1415 – 1518 BGB).

5. In welcher Form können vertragliche Vereinbarungen über den Güterstand vorgenommen werden?

Eine Vereinbarung über den Güterstand erfolgt durch Ehevertrag (legaldefiniert in § 1408 I BGB). Für Eheverträge beschränkt Geschäftsfähiger und Geschäftsunfähiger enthält § 1411 BGB eine Sonderregelung. Ein Ehevertrag bedarf grundsätzlich der notariellen Form, § 1410 BGB. Wird diese nicht eingehalten, so ist der Vertrag nach § 125 BGB nichtig.

Die notarielle Form kann aber durch einen Prozessvergleich ersetzt werden, § 127a BGB.

II. Die Zugewinngemeinschaft

1. Durch welche Prinzipien zeichnet sich die Zugewinngemeinschaft aus?

a) **Trennungsprinzip** (§§ 1363 II, 1364 1. HS, 1370 BGB): Die Vermögen der Ehegatten bleiben während der Ehe getrennt. Jeder Ehegatte bleibt Alleininhaber seines Vermögens, und zwar sowohl hinsichtlich des Vermögens, das er *vor* der Eheschließung besaß, als auch desjenigen Vermögens, das er *nach der Eheschließung* erwirbt. Der Begriff Zugewinngemeinschaft ist daher irreführend. Treffender wäre die Bezeichnung „Gütertrennung mit schuldrechtlichem Zugewinnausgleich".

b) **Grundsatz der selbstständigen Vermögensverwaltung:** Grundsätzlich verwaltet jeder Ehegatte nach § 1364 BGB sein Vermögen selbstständig.

c) **Gleichheitsprinzip:** Der Zugewinnüberschuss wird streng hälftig verteilt (wohlgemerkt: wertmäßig, nicht dinglich verteilt).

d) **Totalitätsprinzip:** Der gesetzliche Güterstand erfasst grundsätzlich das gesamte Vermögen der Ehegatten, also etwa auch das in einem Betrieb oder einer Gesellschaft gebundene Vermögen.

e) **Pauschalierungs- und Stichtagsprinzip:** Die Pauschalierung hängt mit dem Halbteilungsgrundsatz zusammen. Wird der Güterstand durch Tod aufgelöst, so wird der Ausgleich des Zugewinns pauschal dadurch bewirkt, dass der überlebende Ehegatte einen weiteren Erbteil von ¼ erhält (§ 1371 I BGB); das soll langes Rechnen verhindern und gilt auch dann, wenn der Überlebende den höheren Zugewinn erzielt hat. Nach dem Stichtagsprinzip (§§ 1374 I, 1375 I , 1376, 1384 BGB) wird Vermögen nicht in die Rechnung einbezogen, wenn es kurz vor der Ehe und schon im Hinblick auf die Ehe erworben wurde, was ebenso für voreheliche Verbindlichkeiten gilt; ebenso am Ende des Güterstandes und ebenso für die Bewertung der Gegenstände.

2. Welche Einschränkungen erfahren die Prinzipien der Vermögenstrennung und selbstständigen Vermögensverwaltung durch die §§ 1365, 1369 BGB?

Das Trennungsprinzip der §§ 1363 II 1, 1364 HS. 1 BGB wird zwecks Erhaltung der wirtschaftlichen Grundlage der Familie und Sicherung einer künftigen Ausgleichsforderung nach § 1378 I BGB durch die Verpflichtungs- und Verfügungsbeschränkungen des § 1365 I 1, 2 BGB (Gesamtvermögensgeschäfte) und § 1369 BGB (Geschäfte über Haushaltsgegenstände) durchbrochen, § 1364 HS 2 BGB.

a) **Beschränkung der Verfügung über das Vermögen im Ganzen, § 1365 BGB**

Nach § 1365 I BGB kann ein Ehegatte sich nur mit Zustimmung des anderen Ehegatten verpflichten, über sein Vermögen im Ganzen zu verfügen. Hat er sich ohne Zustimmung des anderen Ehegatten verpflichtet, so kann er die Verpflichtung nur erfüllen, wenn der andere Ehegatte einwilligt bzw. genehmigt (§ 1366 I BGB). Erfasst werden auch Geschäfte, die nur einen Einzelgegenstand zum Objekt haben, sofern dieser das Vermögen im Wesentlichen (90 %, nach a.A. zumindest aber über 70 %) ausmacht.

Merke: § 1365 I BGB erfasst sowohl das Verpflichtungs- (S. 1), als auch das Verfügungsgeschäft (S. 2). Es bedarf der Zustimmung daher bereits für die Verpflichtung; fehlt sie, kann nur mit Einwilligung des anderen Ehegatten verfügt werden. Es handelt sich um absolut wirkende Verbote.

32

b) Beschränkung der Verfügung über Haushaltsgegenstände, § 1369 BGB

§ 1369 BGB enthält ein absolutes Verfügungs- und Verpflichtungsverbot in Bezug auf *Haushaltsgegenstände*. Die Norm hat nach dem Wortlaut folgende Tatbestandsvoraussetzungen:

- Ehe,
- Gesetzlicher Güterstand,
- Gegenstand des ehelichen Haushalts,
- Eigentum des Verfügenden und
- Kein Getrenntleben.

Merke: Unter § 1369 BGB fallen alle Gegenstände des ehelichen Haushalts (z.b. Möbel, PC), sofern sie nicht ausschließlich dem persönlichen Gebrauch eines Ehegatten dienen. Nach h. M. werden auch Geschäfte über dem anderen Ehegatten gehörende Haushaltsgegenstände erfasst, nicht aber die eines Dritten.

Über § 1369 III BGB gelten die § 1366 – 1368 BGB (s.u.) entsprechend.

3. Was ist unter dem Begriff „Vermögen im Ganzen" gem. § 1365 I 1 BGB zu verstehen?

Welche Anforderungen an den Begriff des „Vermögens im Ganzen" (§ 1365 I 1 BGB) zu stellen sind, ist umstritten:

a) Gesamttheorie

Nach der sog. Gesamttheorie fällt darunter, wie in den §§ 311 b II, III, 330 S. 2, 1085 S. 1, 1822 Nr. 1, 2087 I BGB nur das Gesamtvermögen als solches. Danach müsste der Ehegatte ausdrücklich über die Gesamtheit bzw. den Inbegriff aller ihm gehörenden oder ihm zugeordneten Gegenstände (en bloc) verfügen wollen. Will er lediglich über einen einzelnen Gegenstand verfügen, reicht dies nicht aus, mag dieser auch im Wesentlichen das Vermögen darstellen.

b) Einzeltheorie

Die Einzeltheorie lässt demgegenüber die Verfügung über einen oder mehrere einzelne Gegenstände genügen, wenn nur objektiv dieser Gegenstand bzw. diese Gegenstände wertmäßig praktisch (im Wesentlichen) das gesamte Vermögen des Ehegatten ausmachen.

Durchgesetzt hat sich die Einzeltheorie.[12] Wenn einer der Zwecke des § 1365 BGB darin liegt, die wirtschaftliche Grundlage der Familie zu sichern, dann wird dieser Zweck auch durch die Verfügung über einen praktisch das Gesamtvermögen ausmachenden Einzelgegenstand tangiert. Die Gesamttheorie würde dazu führen, dass § 1365 BGB nur äußerst selten anwendbar wäre; denn wer verfügt schon, wenn er nicht gerade auswandern will, über sein Vermögen en bloc? Insgesamt wird damit allein die Einzeltheorie den beiden Schutzzwecken des § 1365 BGB (Erhalt der Lebensgrundlage der Familie, Erhalt des Zugewinns) wirklich gerecht. Ihr ist deshalb zu folgen, selbst wenn diese in einem Spannungsverhältnis zu § 1364 BGB steht, wonach jeder Ehegatte grundsätzlich über Einzelgegenstände seines Vermögens frei verfügen kann.

4. Wie ist zu ermitteln, ob der veräußerte Gegenstand „so gut wie das ganze Vermögen" ausmacht?

Um festzustellen, ob der veräußerte Gegenstand so gut wie das ganze Vermögen ausmacht, ist ein Wertvergleich zwischen dem wegzugebenden Vermögensstück und dem verbleibenden Restvermögen vorzunehmen, wobei eine wirtschaftliche Betrachtungsweise anzuwenden ist. Eine etwaige Gegenleistung hat dabei jedoch nach ganz h. M. außer Acht zu bleiben.

Vom Standpunkt der Einzeltheorie aus ist wiederum umstritten, ob § 1365 I BGB schon dann eingreift, wenn objektiv ein Gegenstand veräußert wurde, der (nahezu) das ganze Vermögen ausmacht (**„objektive Theorie"**), oder ob dazu noch eine subjektive Komponente kommen muss (**„subjektive Theorie"**). Von der ganz h. M. wird die **subjektive Theorie**[13] vertreten, wonach § 1365 BGB das ungeschriebene Tatbestandsmerkmal der positiven Kenntnis enthält. Der Dritte (nicht notwendig auch der verfügende Ehegatte) muss wissen, dass das Rechtsgeschäft über einen Gegenstand das ganze oder nahezu ganze Vermögen erfasst, oder zumindest die Verhältnisse kennen, aus denen sich dies ergibt.

Die Kenntnis des Geschäftsgegners hat derjenige zu beweisen, der sich auf die Zustimmungsbedürftigkeit nach § 1365 BGB beruft, also i.d.R. der andere Ehegatte. Diese Beschränkung der Einzeltheorie durch ein subjektives Korrektiv dient insbesondere dem Verkehrsschutz vor dem Hintergrund, dass § 135 II BGB nicht anwendbar ist. Ansonsten wäre die Rechtssicherheit beeinträchtigt.

---

[12] Für sie etwa BGHZ 35, 135 (143); BGH FamRZ 1969, 322; BGHZ 64, 246 (247); 106, 253 (256). Für die Gesamttheorie *Rittner*, FamRZ 1961, 1 (10 ff.); *Barz*, ZHR 126 (1964), 170 (172); *Beuthien*, Fam RZ 1982, 338.
[13] BGHZ 43, 174 (177); 64, 246 (247); 77, 293 (295); BGH NJW 1980, 2350; 1984, 609; BGH FamRZ 1969, 323. Für die objektive Theorie *Bosch*, FamRZ 1959, 289 (294); *Finger*, JZ 1975, 461 ff

34

5. Was ist nach der herrschenden subjektiven Theorie der maßgebliche Zeitpunkt: das Verpflichtungs- oder das Verfügungsgeschäft?

Auch über den für die Kenntnis des Geschäftspartners maßgebenden Zeitpunkt besteht keine Einigkeit. Nach ganz h. M. ist maßgeblicher Zeitpunkt für die Kenntnis der Zeitpunkt der Verpflichtung, d.h. spätere Kenntniserlangung schadet nicht mehr. Nach a.A. entscheidet die Vollendung des Rechtserwerbs. Richtigerweise ist auf den Zeitpunkt der Verpflichtung abzustellen, da nur so der Zweck der subjektiven Theorie erreicht werden kann. Spätere Zeitpunkte fälschen die subjektive Theorie in Richtung der objektiven Theorie ab. Außerdem würde ein Abstellen auf einen späteren Zeitpunkt dazu führen, dass die Erfüllung eines mangels Kenntnis zustimmungsfreien Verpflichtungsgeschäfts zustimmungspflichtig wäre, was zu einer verschuldensunabhängigen Garantiehaftung nach § 311a II BGB führen könnte. Diese Schadensersatzpflicht könnte dem Schutzzweck des § 1365 BGB entgegenlaufen. Deshalb sind nach ganz h.M. die §§ 1365, 1369 BGB hier auch auf das Erfüllungsgeschäft nicht anwendbar.

6. Ist die Zustimmung des anderen Ehegatten auch dann erforderlich, wenn ein nahezu das gesamte Vermögen ausmachender Gegenstand mit einem beschränkt dinglichen Recht belastet wird?

Zweifelhaft ist die Rechtslage, wenn der nahezu das gesamte Vermögen ausmachende Gegenstand nicht veräußert, sondern belastet wird. Legt man die klassische Definition des Verfügungstatbestandes[14] zugrunde, so gelangt man durchaus zur Annahme einer Verfügung über das Vermögen im Ganzen und – dem Wortlaut des § 1365 I entsprechend – zum Erfordernis der Zustimmung des anderen Ehegatten, doch würde dieses dem Sinn und Zweck des § 1365 I BGB nicht gerecht. Zustimmungspflichtig sind daher nur solche Belastungen, welche den Wert der Sache im Wesentlichen ausschöpfen.

Dabei dürfte die Grenze sachgerechterweise bei einer Belastung in Höhe von 80-85 % des Verkehrswertes der Sache liegen, abzustellen ist jedoch jeweils auf den Einzelfall. Gleiches gilt insoweit für die Bestellung einer Dienstbarkeit (so z.B. bei einem dinglichen Wohnrecht).

---

[14] Danach ist ein Verfügungsgeschäft ein Rechtsgeschäft, durch das ein Recht unmittelbar übertragen, belastet, aufgehoben oder geändert wird.

7. Fällt die Eingehung von Zahlungsverbindlichkeiten unter § 1365 I BGB?

Nein. Und dies selbst dann nicht, wenn deren Erfüllung praktisch das ganze Vermögen aufzehren würde. Es geht dabei z.b. um den Ankauf einer Sache, die Aufnahme eines Darlehens, die Abgabe einer Bürgschaftserklärung. Etwas anderes muss natürlich gelten, wenn die Begründung der Geldschuld gerade in der Absicht erfolgte, § 1365 BGB zu umgehen.

8. Welche Rechtsfolgen treten bei einem Verstoß gegen die §§ 1365, 1369 BGB ein?

Die fehlende Einwilligung hat folgende Rechtsfolgen:

- Zweiseitige Rechtsgeschäfte sind nach § 1366 BGB schwebend unwirksam. Bis zur Genehmigung kann der Vertragspartner den Vertrag widerrufen. Fordert er den anderen Ehegatten zur Genehmigung auf, muss sie binnen zwei Wochen erklärt werden. Mit der Verweigerung der Genehmigung durch den anderen Ehegatten wird das abgeschlossene Rechtsgeschäft endgültig unwirksam (§§ 1366 IV, 1369 III BGB). Für die Zustimmung gelten die §§ 182 ff. BGB. Unter den Voraussetzungen der §§ 1365 II, 1369 II BGB kann sie auf Antrag des anderen Ehegatten durch das Vormundschaftsgericht ersetzt werden. Die Zustimmung nur zur Verpflichtung deckt auch die Verfügung und umgekehrt.

- Einseitige Rechtsgeschäfte (z.B. Anfechtung, Kündigung, Rücktritt), die ohne die erforderliche Einwilligung des anderen vorgenommen werden, sind nach § 1367 BGB unwirksam.

- Die Unwirksamkeit des Geschäfts kann nicht nur der handelnde, sondern auch der übergangene Ehegatte in gesetzlicher Prozessstandschaft (h.M.) nach § 1368 BGB dem Vertragspartner gegenüber geltend machen (sog. Revokationsrecht).

9. Wie wird der Güterstand der Zugewinngemeinschaft beendet und wie gestaltet sich jeweils der Zugewinnausgleichsanspruch?

Der Güterstand der Zugewinngemeinschaft wird entweder durch Tod eines Ehegatten oder durch Auflösung zu Lebzeiten beider Ehegatten (Scheidung, Eheaufhebung oder Vereinbarung eines anderen Güterstandes) aufgelöst.

10. Wie gestaltet sich der Ausgleich des Zugewinns nach dem Tod eines Ehegatten?

Stirbt ein Ehegatte, bestimmen sich die vermögensrechtlichen Folgen für den überlebenden Ehegatten entweder nach der gesetzlichen Erbfolge unter Berücksichtigung des § 1371 BGB oder nach einer Verfügung von Todes wegen. Durch eine solche Verfügung kann der überlebende Ehegatte als Erbe oder Vermächtnisnehmer eingesetzt sein, er kann jedoch auch von der Erbfolge ausgeschlossen sein. Besonderheiten ergeben sich, wenn der kraft Gesetzes oder Verfügung von Todes wegen zum Erben berufene, überlebende Ehegatte die ihm zufallende Erbschaft ausschlägt. § 1371 BGB privilegiert ihn, indem ihm die Pflichtteilsberechtigung verbleibt und er zusätzliche Möglichkeiten auf der Ebene des Güterrechts gewinnt.

Sonderfall: Bei gleichzeitigem Tod beider Ehegatten findet ein Zugewinnausgleich nicht statt.[15]

11. Wann erfolgt ein erbrechtlicher Zugewinnausgleich nach § 1371 BGB?

Der **erbrechtliche Ausgleich** erfolgt beim Tod eines Ehegatten, jedoch nur, wenn der überlebende Ehegatte gesetzlicher Erbe ist, und zwar indem sich dessen gesetzlicher Erbteil um ¼ der Erbschaft erhöht, § 1371 I HS. 1 BGB, unabhängig davon, ob überhaupt und von wem Zugewinn erzielt worden ist, § 1371 I Hs. 2 BGB. Bezweckt wird mit dieser Erhöhung der Erbquote ein pauschalierter Zugewinnausgleich (sog. **erbrechtliche Lösung**).

12. Wann erfolgt ein Ausgleich in güterrechtlicher Form?

Der Ausgleich erfolgt in güterrechtlicher Form, wenn

- der Güterstand auf andere Weise als durch den Tod eines Ehegatten beendet wird, § 1372 BGB;

- Dies ist auch der Fall, wenn die Zugewinngemeinschaft aufgrund eines entsprechenden Ehevertrages endet[16], wobei in der Praxis in der Regel im Ehevertrag von den ohne Besonderheiten geltenden gesetzlichen Vorschriften abweichende oder diese konkretisierende Vereinbarungen über den Zugewinnausgleich getroffen werden;

---

[15] *BGH*, NJW 1978, 1855.
[16] Grundsätzlich entsteht der Ausgleichsanspruch mit Vertragsschluss und wird sofort fällig.

- der überlebende Ehepartner weder gesetzlicher noch testamentarischer Erbe noch Vermächtnisnehmer ist

- oder der überlebende Ehegatte die Erbschaft ausschlägt, § 1371 III BGB.

Der Ausgleichsanspruch tritt in den Fällen des § 1371 II und III BGB neben den Pflichtteilsanspruch und richtet sich gegen den Erben.

13. Was ist unter der sog. dinglichen Surrogation gemäß § 1370 BGB zu verstehen?

§ 1370 BGB bestimmt, dass derjenige Ehegatte Eigentum (kraft Gesetzes) an den Haushaltsgegenständen erwirbt, welche an Stelle von nicht mehr vorhandenen oder wertlos gewordenen Gegenständen angeschafft wurden, vorausgesetzt, jene waren bereits sein Eigentum (sog. dingliche Surrogation). Der Begriff der „Wertlosigkeit" ist nicht wörtlich zu verstehen. Diese ist schon dann anzunehmen, wenn der Gegenstand den persönlichen Zwecken der Eheleute nicht mehr genügt oder wenn er technisch oder modisch überholt ist.

III. Der Zugewinnausgleich

1. In welchen Fällen wird der Zugewinnausgleich durchgeführt?

Die einzelnen Fälle des Zugewinnausgleichs sind:

- Scheidung (§§ 1564-1568 BGB)
- Aufhebung der Ehe (§ 1313 ff. BGB mit Einschränkung in § 1318 III BGB)
- Rechtskräftiges Urteil auf vorzeitigen Zugewinnausgleich (§ 1388)
- Aufhebung des gesetzlichen Güterstandes durch Ehevertrag (§§ 1408 I, 1414 S. 1 BGB)
- Ausschluss des Zugewinnausgleichs durch Ehevertrag (§ 1414 S. 2 BGB)
- Wiederverheiratung nach unrichtiger Todeserklärung (§ 1319 II BGB).

2. Wo ist der Anspruch auf Zugewinnausgleich gesetzlich geregelt und welche Anspruchsvoraussetzungen sieht das Gesetz vor?

Der Anspruch auf Zugewinnausgleich ergibt sich aus §§ 1378 I, 1378 III HS. 1, 1372 BGB.

38

Anspruchsvoraussetzungen sind:

- eine wirksame Ehe, in der eine Zugewinngemeinschaft besteht;

- die Beendigung des Güterstandes zu Lebzeiten beider Ehegatten, § 1372 BGB;

- ein Überschuss des Zugewinns eines Ehegatten über den Zugewinn des anderen Ehegatten.

3. Wie berechnet sich der Zugewinn?

§ 1373 BGB enthält die Legaldefinition des Zugewinns: Zugewinn ist der Betrag, um den das **Endvermögen** eines Ehegatten (§ 1375 BGB) sein **Anfangsvermögen** (§ 1374 BGB) übersteigt.

Merke: § 1373 = § 1375 BGB minus § 1374 BGB

Beispiel: Ehefrau EF hat ein Anfangsvermögen von 8.000,-- € und ein Endvermögen von 20.000,-- €, also einen Zugewinn von 12.000,-- €.

Hat bei Beendigung des Güterstandes ein Ehegatte einen größeren Zugewinn erzielt als der andere, dann hat derjenige mit dem geringeren Zugewinn einen schuldrechtlichen Anspruch **in Höhe der Hälfte der Differenz.**

Ausgleichsforderung = Zugewinn des einen minus Zugewinn des anderen dividiert durch 2 (§ 1378 I BGB).

Beispiel: Ehefrau EF hat wie im vorstehenden Beispiel einen Zugewinn von 12.000,-- €. Ihr Ehemann EM hat hingegen nur einen Zugewinn von 6.000,-- €. Der EM hat gegen die EF einen Ausgleichsanspruch in Höhe der Hälfte der Differenz. Er kann somit 3.000,-- € von der EF verlangen.

Der Zugewinn kann **nicht negativ** sein. Ist das Endvermögen eines Ehegatten geringer als sein Anfangsvermögen, so findet kein Verlustausgleich statt.

Beispiel: Angenommen, EF hat wieder einen Zugewinn von 12.000,-- €, EM hat hingegen im Laufe der Ehe 4.000,-- € Verlust gemacht. Schulden werden bei der Berechnung des Zugewinns nicht als Negativposten berücksichtigt, der Zugewinn von EM beträgt folglich Null. Zur Berechnung des Ausgleichsanspruchs gegen EF wird die Differenz zwischen höherem und niedrigerem Zugewinn halbiert. Die Differenz beträgt hier 12.000,-- €. EM hat gegen EF einen Ausgleichsanspruch in Höhe der Hälfte dieser Differenz, also i.H.v. 6.000,-- €.

4. Wie ist bei der Ermittlung von Anfangs- und Endvermögen vorzugehen?

Zwecks Ermittlung des Zugewinns ist zuerst das jeweilige Anfangs- und Endvermögen folgendermaßen zu ermitteln:

Der maßgebliche Bewertungszeitpunkt ist festzulegen;

- es ist zu ermitteln, welche Vermögensgegenstände dem Ehegatten in diesem Zeitpunkt zustanden;

- diese einzelnen Vermögensgegenstände sind mit ihrem Geldwert im Bewertungszeitpunkt anzusetzen;

- die Einzelwerte sind zu addieren;

- die im Bewertungszeitpunkt bestehenden Passiva sind bis zur Grenze Null vom so ermittelten Aktivvermögen abzuziehen.

5. Welcher Zeitpunkt ist für die Ermittlung des Anfangsvermögens maßgeblich?

Maßgeblicher Zeitpunkt für die Ermittlung des Anfangsvermögens ist der Eintritt des Güterstandes der Zugewinngemeinschaft, §§ 1374 I, 1376 I BGB, i.d.R. also die Eheschließung.

6. Welche Vermögenspositionen bilden das Anfangsvermögen?

Grundsätzlich sind alle zum maßgeblichen Zeitpunkt vorhandenen geldwerten, rechtlich geschützten Positionen einzubeziehen, **Aktiva** wie **Passiva**. Das Anfangsvermögen erfasst nach ständiger Rspr. des BGH alle dem Ehegatten am Stichtag zustehenden rechtlich geschützten Positionen mit wirtschaftlichem Wert, d. h. neben den dem Ehegatten gehörenden Sachen alle ihm zustehenden objektiv bewertbaren Rechte, die beim Eintritt des Güterstandes bereits entstanden sind.[17] Auch *Anwartschaftsrechte* zählen, im Gegensatz zu bloßen *Erwerbsaussichten*, zum Anfangsvermögen. Es ist trotz der irreführenden Formulierung „gehört" keine Vermögensmasse im Sinne einer Gesamtheit einzelner Vermögensgegenstände gemeint, sondern eine **Rechnungsgröße**, die einen Wert ausdrückt.

---

[17] *BGH*, FamRZ 2001, 278 (280); *BGH*, FamRZ 2002, 88 (89).

7. Werden Anwartschaften und Aussichten auf Versorgung, die dem Versorgungsausgleich unterliegen, Hausratsgegenstände und Ansprüche auf wiederkehrende und Ansprüche auf Unterhalt vom Vermögensbegriff der §§ 1373 ff. BGB erfasst?

Nein. Diese Rechte und Vermögenswerte werden nach anderen Ausgleichssystemen des Familienrechts zugeordnet und sind daher weder dem Anfangs- noch dem Endvermögen zuzurechnen. Für Anwartschaften, über die der Versorgungsausgleich stattfindet, gelten ausschließlich die Vorschriften über den **Versorgungsausgleich**, die güterrechtlichen Regelungen finden keine Anwendung.

Nach der Rspr. des *BGH*[18] unterliegen Gegenstände, die nach der *Hausratsverordnung* (HausratsVO) verteilt werden können, grundsätzlich nicht dem Zugewinnausgleich.

Außer Betracht bleiben auch Anrechte auf künftig wiederkehrende Leistungen, die dazu bestimmt sind, den Unterhalt des Ehegatten in künftigen Zeitabschnitten zu gewährleisten (z.b. künftig fällige Ansprüche auf Unterhalt oder Arbeitsentgelt; anders hingegen, wenn aus fälligen Ansprüchen dieser Art zum jeweiligen Stichtag Ersparnisse gebildet worden sind).

8. Werden Schulden bei der Berechnung des Anfangsvermögens berücksichtigt?

Ja. Schulden werden als sog. **Passiva** (s.o.) beim Vermögen in Abzug gebracht. Die Verbindlichkeit muss *entstanden* sein, *Fälligkeit* ist *nicht* erforderlich. Beim Anfangsvermögen ist ausdrücklich geregelt, dass *Schulden* nur bis zu der *Höhe des Aktivvermögens* berücksichtigt werden, § 1374 I HS. 2 BGB. Die Vorschrift führt dazu, dass der bei der Eheschließung überschuldete Ehegatte einen Zugewinn bis zum Abbau der Überschuldung für sich allein erzielt.

Anmerkung: Am 01.11.07 wurde ein Entwurf eines Gesetzes zur Änderung des Zugewinnausgleichs und Vormundschaftsrechts auf den Weg gebracht, der ein negatives Anfangsvermögen in § 1374 BGB berücksichtigen soll[19].

---

[18] *BGH*, FamRZ 2003, 664 mit ablehnender Anm. *Deisenhofer*, FamRZ 2003, 744.
[19] Der Referenten-Entwurf und Stand der Gesetzgebung ist online zu finden unter www.bmj.bund.de unter „Themen" / „Zivilrecht" / „Familienrecht".

9. Wird Vermögen, das ein Ehegatte nach Eintritt des Güterstandes durch unentgeltlichen Erwerb erlangt, dem Anfangsvermögen zugeschlagen?

Ein späterer unentgeltlicher Erwerb wird in den in § 1374 II BGB ab-schließend aufgezählten Fällen nach Abzug entsprechender Verbindlich-keiten dem Anfangsvermögen hinzugerechnet. An unentgeltlichen Zu-wendungen soll der andere Ehegatte nämlich nicht teilhaben, weil sie zumeist auf persönlichen Beziehungen beruhen und nicht erarbeitet sind. Dies gilt jedoch nur für die Substanz der Zuwendung. Spätere Gewinne, die auf ihr basieren, erhöhen daher ebenso wie reale Wertsteigerungen zugewendeter Gegenstände den Zugewinn. Zu den abschließend in § 1374 II BGB geregelten Fällen gehört Vermögen, das von Todes wegen oder mit Rücksicht auf ein künftiges Erbrecht, durch Schenkung oder als Ausstattung nach der Heirat erworben wird. Nicht von § 1374 II BGB umfasst werden hingegen Gratifikationen und Trinkgelder.

10. Ist § 1374 II BGB auch auf unentgeltliche Zuwendungen zwischen den Ehegatten anzuwenden?

Nein. Auf unentgeltliche Zuwendungen (echte Schenkungen und sog. unbenannte Zuwendungen, s. u.) *zwischen den Ehegatten* findet § 1374 II BGB nach inzwischen ständiger Rspr. des *BGH*[20] und überwiegender Auffassung in der Literatur keine Anwendung. Der Gesetzgeber habe Schenkungen vom Zugewinnausgleich vor dem Hintergrund ausnehmen wollen, dass sie auf einer besonderen persönlichen Beziehung des Schenkers zum Beschenkten beruhen; hieran sollte der Ehegatte nicht partizipieren. Diese Überlegung treffe auf Schenkungen zwischen Ehe-gatten nicht zu. Diese erhöhen vielmehr den Zugewinn des Empfängers und finden gegebenenfalls im Rahmen des § 1380 BGB Berück-sichtigung.

Gleiches wie bei der Schenkung gilt für sog. **unbenannte (oder auch ehebedingte) Zuwendungen** unter Ehegatten.[21] Hierbei handelt es sich um Zuwendungen, die ein Ehegatte dem anderen erkennbar um der Ehe willen und als Beitrag zur Verwirklichung oder Ausgestaltung, Erhaltung oder dauerhaften wirtschaftlichen Sicherung der Ehe und in der Vorstellung erbringt, dass die Ehe Bestand haben und er innerhalb der Gemeinschaft am Vermögenswert oder seinen Früchten teilhaben werde.[22] Beispiel ist die Errichtung eines Hauses auf dem Grundstück eines Ehegatten mit finanziellen Mitteln und durch Arbeitsleistungen des anderen.

---

[20] *BGH*, FamRZ 1987, 791 ; a.A. *MüKo/Koch*, § 1380 Rn. 23.
[21] *BGH*, FamRZ 1982, 246.
[22] *BGH* in ständiger Rspr., z.B. FamRZ 1982, 246; 1990, 600, mit teilweise unterschiedlicher Formulierung.

Die Frage der Rückgewähr der Zuwendung richtet sich nicht nach Schenkungsrecht, sondern nach § 313 BGB, Störung der Geschäftsgrundlage. Leben die Ehegatten im Güterstand der Zugewinngemeinschaft, führen dessen Regelungen i.d.r. zu einem angemessenen Vermögensausgleich und sind daher vorrangig.

11. Fallen unbenannte Zuwendungen der Schwiegereltern an einen Ehegatten als Schenkung gem. § 1374 II BGB seinem Anfangsvermögen zu?

Nein. Auch unbenannte Zuwendungen der *Schwiegereltern* sind keine Schenkung.[23] Der Zuwendung liegt nach der Rspr. des *BGH*[24] ein besonderes familienrechtliches Verhältnis zugrunde. Ein Anspruch wegen Störung der Geschäftsgrundlage dieses Verhältnisses kommt i.d.R. nur in Betracht, wenn das Güterrecht und somit der Zugewinnausgleich zu keiner angemessenen Begünstigung des eigenen Kindes führt.

12. Was ist unter dem Begriff des Endvermögens zu verstehen?

Endvermögen ist das zum maßgeblichen Zeitpunkt vorhandene Aktivvermögen, §§ 1375 I, 1378 II BGB. Das Endvermögen ist also ebenso wie das Anfangsvermögen keine Vermögensmasse, sondern eine reine Rechengröße.

13. Welcher Zeitpunkt ist entscheidend für die Berechnung des Endvermögens? Worauf ist dabei im Sachverhalt besonders zu achten?

Entscheidend ist der Zeitpunkt der Beendigung des Güterstandes (§ 1375 I BGB). Häufigster Anwendungsfall des Zugewinnausgleichs in der Klausur ist die Scheidung. Maßgeblicher Zeitpunkt für die Berechnung des Endvermögens ist hier gem. § 1384 BGB die Rechtshängigkeit (also Zustellung, § 261 I ZPO) des Scheidungsantrages und bei vorzeitigem Zugewinnausgleich die Erhebung der Klage auf vorzeitigen Ausgleich, § 1387 BGB. Dieser Zeitpunkt kann allerdings nicht über eine analoge Anwendung des § 167 ZPO auf die Anhängigkeit vorverlagert werden.

14. Gibt es ein negatives Endvermögen?

Für **Passiva** gelten dieselben Grundsätze wie beim Anfangsvermögen. Vom Aktivvermögen abzuziehen sind alle bis zum Berechnungsstichtag entstandenen Verbindlichkeiten, z. B. titulierte Unterhaltsrückstände sowie die bis zum Stichtag entstandenen Steuerschulden, selbst wenn sie noch nicht fällig sind.

---

[23] *BGH*, FamRZ 1995, 1060.
[24] *BGH*, FamRZ 1999, 365.

Ebenso wie ein negatives Anfangsvermögen findet auch ein **negatives Endvermögen keine Berücksichtigung**: die Zugewinngemeinschaft ist keine Verlustgemeinschaft.

15. Unter welchen Voraussetzungen findet eine Hinzurechnung nach § 1375 II BGB statt?

Dem Endvermögen eines Ehegatten wird nach § 1375 II Nr. 1-3 BGB der Betrag hinzugerechnet, um den dieses Vermögen dadurch vermindert ist, dass ein Ehegatte nach Eintritt des Güterstands

a) unentgeltliche Zuwendungen gemacht hat, durch die er nicht einer sittlichen Pflicht oder einer auf den Anstand zu nehmenden Rücksicht entsprochen hat,

b) Vermögen verschwendet hat oder

c) Handlungen in der Absicht vorgenommen hat, den anderen Ehegatten zu benachteiligen.

Der Betrag der Vermögensminderung wird dem Endvermögen allerdings nicht hinzugerechnet, wenn die Vermögensminderung mindestens zehn Jahre vor Beendigung des Güterstands eingetreten ist oder wenn der andere Ehegatte mit der unentgeltlichen Zuwendung oder der Verschwendung einverstanden gewesen ist, § 1375 III BGB.

16. Wie werden gesamtschuldnerische Verbindlichkeiten behandelt?

Gesamtschuldnerische Verbindlichkeiten können beim Endvermögen nur mit der Quote abgesetzt werden, die im Innenverhältnis auf den jeweiligen Ehegatten entfällt.

17. Wann entsteht der Anspruch aus Zugewinnausgleich?

Die Ausgleichsforderung (§ 1378 I BGB) entsteht mit der Beendigung des Güterstandes und ist vererblich und übertragbar. Die Ausgleichsforderung ist der Höhe nach auf das bei Beendigung des Güterstandes vorhandene Vermögen begrenzt, § 1378 II BGB.

18. Unterliegt der Anspruch auf Zugewinnausgleich der Verjährung?

Ja. Die Ausgleichsforderung verjährt regelmäßig in 3 Jahren ab Kenntnis des Gläubigers von der Beendigung des Güterstands, § 1378 IV 1 BGB. Die dreijährige Verjährungsfrist beginnt bei Scheidung frühestens mit der formellen Rechtskraft des Scheidungsausspruchs. Es gelten die allgemeinen Vorschriften über die Hemmung, §§ 202 ff. BGB, und Unterbrechung der Verjährung, §§ 208 ff. BGB.

19. Unter welchen Voraussetzungen werden Vorausempfänge auf die Ausgleichsforderung angerechnet?

Eine entsprechende Regelung enthält § 1380 BGB. Danach wird auf die Ausgleichsforderung eines Ehegatten angerechnet, was ihm von dem anderen Ehegatten durch Rechtsgeschäft unter Lebenden mit der Bestimmung zugewendet worden ist, dass es ihm auf die Ausgleichsforderung angerechnet werden soll.

Zu beachten ist, dass ein Vorausempfang nur dann zu berücksichtigen ist, wenn er vom **Ausgleichspflichtigen** geleistet wurde; ein Vorausempfang, den der *Ausgleichsberechtigte* geleistet hat, bleibt unberücksichtigt. Anrechnungspflichtig sind unentgeltliche Zuwendungen des Ausgleichspflichtigen, die unter Anrechnungsbestimmung erfolgt sind.

20. Welche Möglichkeit räumt § 1381 BGB dem Schuldner ein, wenn der Zugewinnausgleich grob unbillig wäre?

In diesem Fall sieht § 1381 BGB zugunsten des Schuldners vor, dass dieser die Erfüllung der Ausgleichsforderung verweigern kann. Mit dieser bis zum Schluss der mündlichen Verhandlung geltend zu machenden Einrede räumt das Gesetz dem Ausgleichspflichtigen die Möglichkeit ein, grob unbillige Ausgleichsforderungen ganz oder zum Teil zu verweigern.

Grobe Unbilligkeit liegt vor, wenn der Ausgleichsanspruch in der vom Gesetz grundsätzlich vorgesehenen Weise dem Gerechtigkeitsempfinden in unerträglicher Weise widerspricht. Ob und wann dies der Fall sein kann, hat der Gesetzgeber beispielhaft in § 1381 II BGB verdeutlicht.

21. Kann die Ausgleichsforderung gestundet werden?

Ja. Das Familiengericht kann eine nicht bestrittene Forderung auf Antrag stunden, wenn die sofortige Zahlung den Verpflichteten besonders hart treffen würde und dem Gläubiger eine Stundung zuzumuten ist (§ 1382 I BGB). Auch wenn über die Ausgleichsforderung ein Rechtsstreit anhängig ist, kann der Schuldner die Stundung beantragen, allerdings nur in diesem Verfahren (§ 1382 V BGB).

22. Unter welchen Voraussetzungen ist eine Übertragung von Vermögensgegenständen möglich?

Eine entsprechende Regelung enthält § 1383 I BGB. Danach kann das Familiengericht unter Anrechnung auf die Ausgleichsforderung die Übertragung von Vermögensgegenständen anordnen, wenn dies erforderlich ist, um eine grobe Unbilligkeit für den Gläubiger zu vermeiden, und wenn dies dem Schuldner zugemutet werden kann.

Eine *grobe Unbilligkeit* wird vor allem dann vorliegen,

- wenn der Gläubiger einen Gegenstand dem Schuldner überlassen müsste, zu dem allein der Gläubiger eine enge Sach-
beziehung hat, oder

- wenn die Durchsetzung der Ausgleichsforderung auf erhebliche
Schwierigkeiten stößt.

23. Haben die Ehegatten untereinander einen Anspruch auf Auskunft über den Bestand des Endvermögens?

Ja. Jeder Ehegatte hat nach § 1379 II BGB bereits ab Rechtshängigkeit eines auf Ehelösung gerichteten Verfahrens gegen den anderen Ehegatten Anspruch auf Auskunft über den Bestand des Endvermögens i.S.d. § 1375 I BGB am Bewertungsstichtag. Die Auskunftspflicht erstreckt sich auch auf einen substantiierten Vortrag hinsichtlich negativer Tatsachen und die Darlegung der hierfür sprechenden Tatsachen und Umstände.

24. Ist der Auskunftsanspruch selbständig einklagbar?

Ja. Da es sich jedoch nur um einen Hilfsanspruch handelt, der der Verwirklichung der Ausgleichsforderung nach § 1378 BGB dient, kann ihm der *Einwand des Rechtsmissbrauchs* entgegengesetzt werden, wenn ausnahmsweise nicht zweifelhaft sein kann, dass dem die Auskunft begehrenden Ehegatten keine Ausgleichsforderung zusteht.

25. Kann ein Zugewinnausgleich bereits bei noch bestehender Ehe erfolgen?

Bei noch bestehender Ehe mit gesetzlichem Güterstand kann nach §§ 1385, 1386 BGB Klage auf vorzeitigen Zugewinnausgleich erhoben werden, wenn folgende Anspruchsvoraussetzungen vorliegen:

- bestehende Ehe,

- gesetzlicher Güterstand der Zugewinngemeinschaft,

- mehr als dreijähriges Getrenntleben, § 1385 BGB, oder ein illoyales Verhalten nach § 1386 BGB.

Die Klage auf vorzeitigen Zugewinnausgleich ist keine Zahlungsklage, sondern eine Klage auf *Gestaltung der Rechtsverhältnisse zwischen den Ehegatten hinsichtlich des Güterstandes.*

26. Unter welchen Voraussetzungen bestehen nach § 1390 BGB Ansprüche gegen Dritte im Zusammenhang mit dem Ausgleichsanspruch?

Soweit einem Ehegatten gem. § 1378 II BGB keine Ausgleichsforderung zusteht, weil der andere Ehegatte in der Absicht, ihn zu benachteiligen, unentgeltliche Zuwendungen an einen Dritten gemacht hat, ist der Dritte verpflichtet, das Erlangte nach Bereicherungsrecht zum Zwecke der Befriedigung herauszugeben, § 1390 I 1 BGB. Das Gleiche gilt für andere Rechtshandlungen, wenn die Absicht, den Ehegatten zu benachteiligen, dem Dritten bekannt war, § 1390 II BGB. Der Anspruch verjährt in drei Jahren nach Beendigung des Güterstands, § 1390 III BGB.

IV. Die Gütertrennung

1. Neben der Zugewinngemeinschaft kommt in der Praxis v. a. dem Güterstand der Gütertrennung Bedeutung zu. Wann tritt Gütertrennung ein?

Der Güterstand der Gütertrennung tritt ein:

- mittels vertraglicher Vereinbarung durch Ehevertrag gem. § 1408 BGB, in dem Gütertrennung entweder ausdrücklich vereinbart oder nach den Auslegungsregeln des § 1414 S. 2 BGB als vereinbart vermutet wird;

- als subsidiärer gesetzlicher Güterstand mit Rechtskraft eines Urteils auf vorzeitigen Ausgleich des Zugewinns gem. § 1388 BGB i.V.m. §§ 1385, 1386 BGB oder eines auf Aufhebung der Gütergemeinschaft nach den §§ 1449 I, 1470 BGB erkennenden Urteils.

2. Welche Wirkungen entfaltet die Gütertrennung?

Folgende Wirkungen entfaltet die Gütertrennung:

- Die Ehegatten werden in diesem Güterstand güterrechtlich so behandelt, als wenn sie nicht verheiratet wären. Das Vermögen beider Ehegatten bleibt während und nach der Ehe getrennt; es gibt keine gemeinschaftliche Verwaltung und keinen Wertausgleich in Geld nach dem Ende des Güterstandes.

- Eine Haftung für Schulden des Ehepartners kommt allenfalls unter den Voraussetzungen des § 1357 I 2 BGB in Betracht. Gläubigern kommen jedoch die Vermutungen der §§ 1362 BGB, 739 ZPO zugute.

- Gemeinschaftliches Vermögen kann nach den allgemeinen Vorschriften als Bruchteils- oder Gesamthandseigentum gebildet werden, §§ 741 ff., 1008 bzw. 705 ff. BGB;

- Beide Ehegatten haben nach den allgemeinen Vorschriften Mitbesitz an der Ehewohnung und am Hausrat. Eine Verpflichtung zur Einräumung von Mitbesitz folgt aus § 1353 BGB;

V. Die Gütergemeinschaft

1. Wie entsteht der Güterstand der Gütergemeinschaft?

Der Güterstand der Gütergemeinschaft kann, wie sich aus § 1415 BGB ergibt, nur durch Ehevertrag vereinbart werden.

2. Welche Wirkungen entfaltet der Güterstand der Gütergemeinschaft?

a) Auswirkungen auf die Vermögensmassen

Besonderes Kennzeichen der Gütergemeinschaft ist, dass aus dem vorhandenen Vermögen der Frau und dem vorhandenen Vermögen des Mannes ein gesamthänderisch gebundenes, gemeinschaftliches Vermögen wird, das als *Gesamtgut* bezeichnet wird, § 1416 I 1 BGB. Auch Vermögen, das ein Ehegatte während des Bestehens der Gütergemeinschaft erwirbt, fällt grundsätzlich in das Vermögen beider Ehegatten, § 1416 I 2 BGB. Daneben ist auch bei der Gütergemeinschaft getrenntes Vermögen der Ehegatten möglich:

- Zum einen kann *Sondergut* (§ 1417 BGB) infolge Unübertragbarkeit der betreffenden Gegenstände bestehen, z.B. beim unpfändbaren Teil des Arbeitseinkommens.

- Zum anderen können bestimmte Gegenstände aufgrund einer Vereinbarung der Ehegatten oder der Bestimmung eines zuwendenden Dritten, z.B. bei Erbschaften, als *Vorbehaltsgut* (§ 1418 BGB) einem Ehegatten zustehen.

b) Auswirkungen auf Verwaltung und Verfügung

Keiner der Ehegatten kann über seinen Anteil am Gesamtgut oder einen Gegenstand des Gesamtguts allein verfügen. Sofern die Ehegatten hinsichtlich der Verwaltung des Gesamtguts keine Vereinbarung getroffen haben, erfolgt diese nach § 1421 BGB gemeinschaftlich.

3. Hat die Gütergemeinschaft heute noch praktische Bedeutung?

Da die Ehegatten weitgehend für die Schulden des anderen haften, die Auseinandersetzung der Vermögensmassen im Scheidungsfall schwierig ist und erbschaftssteuerrechtlich das gesamte Nachlassvermögen zu versteuern ist (während der Zugewinnausgleich im gesetzlichen Güterstand erbschaftssteuerfrei ist (§ 5 ErbStG)) hat die Gütergemeinschaft heute praktisch kaum noch Bedeutung. Sie wird vereinzelt noch in den vorwiegend landwirtschaftlich geprägten Regionen Süddeutschlands vereinbart.

VI. Vertragliches Güterrecht

1. Was ist unter einem Ehevertrag zu verstehen?

Ein **Ehevertrag** ist ein Vertrag, in dem Ehegatten ihre güterrechtlichen Verhältnisse regeln oder den Versorgungsausgleich ausschließen (§ 1408 BGB).

2. Kommt ein Ehevertrag formlos zustande?

Nein. Der Ehevertrag muss nach § 1410 BGB bei gleichzeitiger Anwesenheit beider Teile *zur Niederschrift eines Notars* geschlossen werden. Wird diese Form nicht eingehalten, so ist der Vertrag nach § 125 BGB nichtig. Persönliche Anwesenheit ist allerdings nicht erforderlich, die Ehegatten können sich durch einen Bevollmächtigten, z.B. einen Mitarbeiter des Notars, vertreten lassen, da es sich nicht um ein höchstpersönliches Rechtsgeschäft handelt. Die Eintragung im Güterrechtsregister ist zur Wirksamkeit des Ehevertrages nicht erforderlich.

3. Kann ein Ehevertrag nur *vor* der Ehe geschlossen werden?

Nein. Ein Ehevertrag kann vor und während der Ehe geschlossen werden. Dies kann der Formulierung des § 1408 I 2. HS BGB entnommen werden (..."insbesondere auch nach der Eingehung der Ehe"...).

4. Sind die Eheleute hinsichtlich der güterrechtlichen Regelungen frei in der inhaltlichen Gestaltung eines Ehevertrages?

Den Eheleuten bieten sich, was den *Inhalt* des Ehevertrages angeht, verschiedene Möglichkeiten. Sie können sich für einen der beiden vom Gesetz vorgeprägten Wahlgüterstände entscheiden (Gütertrennung, Gütergemeinschaft). Sie können, von einem bestimmten Güterstand ausgehend, Modifikationen an ihm vornehmen. So sind in der Gütergemeinschaft die Regeln über das Innenverhältnis grundsätzlich modifizierbar.

In der Zugewinngemeinschaft können der Zugewinnausgleich beliebig geändert und die Verfügungsbeschränkungen der §§ 1365, 1369 BGB eingeschränkt oder ausgeschlossen werden. Eine Erweiterung der Verfügungsbeschränkungen ist dagegen nicht möglich, vgl. § 137 S. 1 BGB.

5. Wann ist ein Ehevertrag unwirksam?

Die §§ 1408 ff. BGB selbst enthalten keine Grenzen für die vertragliche Gestaltung. Mögliche Unwirksamkeitsgründe ergeben sich für den Ehevertrag aus den allgemeinen Vorschriften der §§ 123, 138 BGB.

Die Rspr. von *BVerfG* und *BGH*[25] ist seit 2001 zu einer rigiden Inhaltskontrolle von Verträgen übergegangen, die das Scheidungsfolgenrecht und damit auch das Ehegüterrecht betreffen. Für die güterrechtliche Regelung als solche sind die Grenzen danach noch relativ großzügig gezogen; anders bei Scheidungsunterhalt und Versorgungsausgleich.

Zunächst ist anhand von § 138 I BGB eine Wirksamkeitskontrolle durchzuführen. Wesentlich für § 138 I BGB ist eine Gesamtbeurteilung des Rechtsgeschäfts, wobei auf den Zeitpunkt des Vertragsschlusses abzustellen ist. Um Sittenwidrigkeit bejahen zu können, verlangt die ganz h.M. zwei kumulative Voraussetzungen:

• Die einseitige Benachteiligung eines der Ehegatten (objektives Element) **und**

• weitere sich aus einer Gesamtabwägung ergebende Umstände, die auch den Vorwurf der sittenwidrigen Gesinnung rechtfertigen (subjektives Element).

---

[25] *BVerfG* FamRZ 2001, 343; *BGH* NJW 2004, 930

Lektion 5: Scheidungsrecht

I. Scheidungsvoraussetzungen

1. Was ist unter der Ehescheidung zu verstehen? Wodurch unterscheidet sie sich von der Aufhebung der Ehe?

Ehescheidung ist die Auflösung der Ehe aus Gründen, die nach der Eheschließung eingetreten sind und im Interesse des Antragstellers oder beider Ehegatten einem weiteren Bestand der Ehe entgegenstehen, §§ 1564 – 1568 BGB, §§ 606 – 620g, 622 – 630 ZPO.

Die Scheidung unterscheidet sich von der **Aufhebung** der Ehe dadurch, dass der Grund der Scheidung in der Entwicklung der Ehe zu suchen ist, während die Aufhebung aus Gründen erfolgt, die im Zeitpunkt der Eheschließung bereits bestanden haben. Einziger Scheidungsgrund ist *das Gescheitertsein* der Ehe, § 1565 I 1 BGB.

2. Welches sind die Voraussetzungen für eine Scheidung?

Die Voraussetzungen, unter denen eine Ehe geschieden werden kann, sind in den §§ 1564 bis 1568 BGB abschließend geregelt:

- Bestehen einer gültigen Ehe

- Gescheitertsein der Ehe

- Getrenntleben seit über einem Jahr (Regelfall) oder

- Getrenntleben von über drei Jahren.

3. Welche Rolle spielt das Bestehen einer gültigen Ehe im Scheidungsverfahren und wie wird dieses nachgewiesen?

Die Eheschließung – in den §§ 1310-1312 BGB geregelt – (vgl. hierzu im Einzelnen Lektion 3: Die Eheschließung) ist im Scheidungsverfahren aufgrund des Untersuchungsgrundsatzes nach § 616 I ZPO eine von Amts wegen zu klärende Vorfrage. Diese wird regelmäßig durch Vorlage der Heiratsurkunde beantwortet, die jedoch kein zwingendes Antragserfordernis ist.

4. Wann ist eine Ehe gescheitert?

Gemäß § 1565 BGB ist die Ehe zu scheiden, wenn sie **gescheitert** ist. Einziger Grund für eine Scheidung im deutschen Recht ist damit das Scheitern der Ehe. Eine Prüfung des Verschuldens, wie dies das alte Eherecht vorsah, wird nicht vorgenommen.

Gemäß § 1565 I 2 BGB ist die Ehe gescheitert, wenn

* die Lebensgemeinschaft der Ehegatten nicht mehr besteht

und

* nicht erwartet werden kann, dass die Ehegatten sie wiederherstellen werden.

Somit enthält § 1565 I 2 BGB sowohl eine *Diagnose-* als auch eine *Prognosewertung.*

5. Welche Anforderungen sind an das Nichtbestehen der Lebensgemeinschaft (Diagnose) zu stellen? Wann ist zu erwarten, dass die eheliche Lebensgemeinschaft nicht mehr wiederhergestellt wird (Prognose)?

Gemäß § 1567 I BGB leben die Eheleute getrennt, wenn zwischen ihnen eine häusliche Gemeinschaft nicht besteht und ein Ehegatte sie erkennbar nicht herstellen will, weil er die eheliche Lebensgemeinschaft ablehnt.

Das entscheidende Indiz für das Nichtbestehen der ehelichen Lebensgemeinschaft ist damit die Aufhebung der häuslichen Gemeinschaft. Umgangssprachlich wird dies regelmäßig unter dem Begriff „getrennt von Tisch und Bett" zusammengefasst.

Indizien, die für die Aufhebung der ehelichen Lebensgemeinschaft sprechen, sind u.a.:

* getrennte Betten,

* getrennte Haushaltsführung,

* getrennte Konten,

* Verbindung zu einem anderen Partner,

* eheliche Untreue und

* ständige Streitigkeiten.

6. Welche Anforderungen sind an ein Getrenntleben innerhalb der ehelichen Wohnung zu stellen?

Leben die Eheleute nach wie vor zusammen in der ehelichen Wohnung, muss die Aufhebung der häuslichen Gemeinschaft in dem nach den gegebenen Umständen weitestmöglichen Umfang herbeigeführt werden. In diesem Fall muss der Ehegatte, der die Trennung will, nach außen deutlich machen, dass die Trennung sich von dem früheren Zusammenleben unterscheidet. Die häusliche Gemeinschaft muss soweit wie möglich aufgehoben sein, z. B. durch Aufteilung der Ehewohnung und Festlegung, wer welche Räume benutzt.

7. Liegt ein Getrenntleben vor, wenn der andere Ehegatte inhaftiert ist?

Im Fall der Inhaftierung eines Ehegatten kommt es darauf an, ob der andere Ehegatte sich von diesem distanziert hat, indem er die bisherige Form der Kontaktaufnahme aufgibt oder etwa ausdrücklich erklärt, dass die Kontakte lediglich wegen gemeinsamer Kinder fortgesetzt werden. Wird im Falle der Inhaftierung die Trennung bestritten, wird es auf Beweismittel wie Briefe und Aussagen von Mitbesuchern ankommen.

8. Unterbricht ein versöhnungsbedingtes Zusammenleben das Getrenntleben?

Es kommt auf die Dauer der Versöhnungszeit an. Ein *Zusammenleben über kürzere Zeit*, das der Versöhnung der Eheleute dienen soll, unterbricht oder hemmt die Trennungszeit gem. § 1567 II BGB nicht. Voraussetzung für eine Versöhnung ist, dass beide Ehegatten einvernehmlich von der erfolgten Trennung Abstand nehmen. Die Rspr. sieht in diesem Zusammenhang einen Zeitraum von drei bis vier Monaten als unschädlich für den Lauf der Trennungszeit an. Bei wiederholten Versöhnungsversuchen wird die Zeit des Zusammenlebens addiert.

9. Welche gesetzliche Vermutung enthält § 1566 BGB?

Grundsätzlich ist Voraussetzung für die Einreichung des Scheidungsantrages, dass die Ehegatten wenigstens ein Jahr getrennt gelebt haben. Nach einem Jahr Trennung besteht nach § 1566 BGB die **gesetzliche Vermutung**, dass die Ehe gescheitert ist. Der Antragsteller muss daher darlegen, dass die Parteien seit wenigstens einem Jahr getrennt leben und aufzeigen, wie die Trennung erfolgte (Auszug oder Trennung innerhalb der ehelichen Wohnung).

10. Prüft das Gericht, ob die Ehe gescheitert ist, wenn beide Ehegatten die Scheidung beantragt haben oder der Antragsgegner dem Antrag zustimmt?

Nein. Es wird nach § 1566 I BGB unwiderlegbar vermutet, dass die Ehe gescheitert ist. Eine gesonderte Prüfung des Scheiterns der Ehe durch das Gericht erfolgt dann nicht mehr.

11. Besteht die Möglichkeit, früher geschieden zu werden, d.h., das Trennungsjahr nicht abwarten zu müssen?

Ja. Gemäß § 1565 II BGB kann die Ehe auch vor Ablauf des Trennungs-jahres geschieden werden, wenn die Fortsetzung der Ehe für den Antragsteller aus Gründen, die in der Person des anderen Ehegatten liegen, eine **unzumutbare Härte** darstellen würde. Vor der Prüfung der unzumutbaren Härte ist auch hier zunächst festzustellen, dass die Ehe im Sinne von § 1565 I BGB gescheitert ist.

12. Wann ist eine unzumutbare Härte anzunehmen?

An die Härtegründe sind strenge Anforderungen zu stellen. Dem Antragsteller darf nicht zuzumuten sein, mit der Scheidung bis zum Ablauf des Trennungsjahres zu warten. Es muss sich hierbei um eine Aus-nahmesituation handeln, die nicht bei bloßen ehelichen Schwierigkeiten, Unstimmigkeiten oder ehetypischen Zerwürfnissen in Betracht kommt.

13. Welche Fälle werden von der Rechtsprechung als Härtefälle anerkannt?

Nachfolgende *Beispiele* werden von der Rechtsprechung benannt:

- Ständige oder häufige Misshandlung des anderen Ehegatten oder Familienangehörigen (eine einmalige Körperverletzung reicht regelmäßig nicht),

- schwerer Alkohol- oder Drogenmissbrauch,

- regelmäßige schwere Beleidigungen, grobe Ehrverletzung, demütigende Beschimpfungen,

- Schwangerschaft aus ehebrecherischem Verhältnis,

- ständiger Verstoß gegen die eheliche Treuepflicht für einen längeren Zeitraum,

54

- jegliche Fälle von Kindesmissbrauch, Vergewaltigung und sexueller Nötigung,

- Fehl-Ehe (Ehe ist von Anfang an gescheitert),

- Scheinehe (Ehe verfolgt nur den Zweck, dem ausländischen Ehegatten eine Aufenthaltserlaubnis zu verschaffen),

- Aufforderung zum Geschlechtsverkehr mit Dritten und

- Prostitution eines Ehegatten.

14. Welche unwiderlegbare Vermutung besteht bei einer Trennungsdauer von über *drei Jahren*?

Gemäß § 1566 II BGB besteht bei einer Trennungsdauer von über drei Jahren eine unwiderlegbare Vermutung, dass die Ehe gescheitert ist. Die Ehe wird dann auf einseitigen Antrag hin geschieden. Der Zustimmung des Antragsgegners bedarf es nicht.

15. Ab welchem Zeitpunkt leben die Eheleute *getrennt*?

Die Erleichterung der Scheidung nach einjährigem und dreijährigem Getrenntleben führt zu der Frage, ab welchem Zeitpunkt die Eheleute i.S. der §§ 1565 II, 1566,I II BGB getrennt leben.

Damit ein Getrenntleben vorliegt, müssen folgende Voraussetzungen vorliegen (vgl. hierzu im Einzelnen Frage 4):

- objektiv, dass zwischen den Ehegatten keine häusliche Gemeinschaft mehr besteht

und

- subjektiv, dass zumindest ein Ehegatte die häusliche Gemeinschaft erkennbar nicht herstellen will, weil er die eheliche Lebensgemeinschaft ablehnt.

16. Welche Rechtsfolgen hat das Getrenntleben?

Das Getrenntleben führt zu folgenden rechtlichen Konsequenzen:

- Aufhebung der Schlüsselgewalt, § 1357 III BGB.

- Ein getrennt lebender Ehegatte kann vom anderen den nach den ehelichen Lebensverhältnissen und den Erwerbs- und Vermögensverhältnissen der Ehegatten angemessenen Unterhalt verlangen, § 1361 BGB (Anspruch auf Familienunterhalt entfällt).

- Jeder der getrennt lebenden Ehegatten kann die ihm gehörenden Haushaltsgegenstände herausverlangen. Er ist jedoch verpflichtet, sie dem anderen Ehegatten zum Gebrauch zu überlassen, soweit dieser sie zur Führung eines abgesonderten Haushalts benötigt und die Überlassung nach den Umständen des Falles der Billigkeit entspricht, § 1361 a I BGB.

- Die Ehewohnung kann zur alleinigen Benutzung zugewiesen werden, § 1361 b BGB.

- Entfallen der Eigentumsvermutung, § 1362 I 2 BGB.

- Vorzeitiger Zugewinnausgleich unter den Voraussetzungen der §§ 1385, 1386 BGB.

- Erleichterung der Scheidung nach Ablauf bestimmter Trennungsfristen, § 1566 BGB.

- Regelung der elterlichen Sorge nach Trennung der Eltern, § 1671 BGB.

- Ausgleichspflicht bei sog. Oder-Konto, wenn ein Ehegatte nach endgültiger Trennung unberechtigt über das Guthaben verfügt.

- Die Ehegatten werden steuerlich nicht mehr zusammen, sondern grundsätzlich einzeln veranlagt, § 26 EstG.

17. Wann liegt eine *einverständliche Scheidung* vor?

Nach § 630 ZPO besteht die Möglichkeit einer **einverständlichen Scheidung**, wenn die *zusätzlichen* (über die nach § 1566 BGB erforderlichen Voraussetzungen hinaus) Voraussetzungen des § 630 I und III ZPO vorliegen:

- Die Mitteilung, dass der andere Ehegatte der Scheidung zustimmt oder in gleicher Weise die Scheidung beantragen wird (§ 630 I Nr. 1 ZPO) sowie

- entweder die übereinstimmenden Erklärungen der Ehegatten, dass Anträge zur Übertragung der elterlichen Sorge oder eines Teils der elterlichen Sorge für die Kinder auf einen Elternteil und zur Regelung des Umgangs mit den Kindern nicht gestellt werden, wenn sich die Ehegatten über das Fortbestehen der Sorge und über den Umgang einig sind, oder, soweit eine gerichtliche Regelung erfolgen soll, entsprechende Anträge und jeweils die Zustimmung des anderen Ehegatten hierzu (§ 630 I Nr. 2 ZPO) sowie

• die Einigung der Ehegatten über die Regelung der Unterhaltspflicht gegenüber ihren Kindern, über das Unterhaltsrechtsverhältnis zwischen den Ehegatten und über die Rechtsverhältnisse an Ehewohnung und Hausrat (§ 630 I Nr. 3 ZPO).

Nach § 630 III ZPO soll das Gericht dem Scheidungsantrag erst stattgeben, wenn die Ehegatten über die Unterhaltspflicht sowie über die Rechtsverhältnisse an Ehewohnung und Hausrat einen vollstreckbaren Titel herbeigeführt haben.

II. Rechtsfolgen der Scheidung

Mit Rechtskraft der Ehescheidung sind die Eheleute geschieden. Daneben gibt es weitere Folgen der Ehescheidung, die zu beachten sind:

• Unterhaltspflicht,

• Zugewinnausgleich,

• Versorgungsausgleich,

• elterliches Sorgerecht,

• Umgangsrecht,

• Verteilung der Ehewohnung und des Hausrats und

• Ehename.

Hinweis: Die Grundlagen des Zugewinnausgleichs wurden ausführlich in Lektion 4: „Das eheliche Güterrecht" dargelegt, so dass an dieser Stelle auf die dortigen Ausführungen verwiesen wird. Gleiches gilt für den Anspruch auf nachehelichen Unterhalt, der in Lektion 9: „Das Unterhaltsrecht" dargestellt wird.

---

1. Was ist unter *Versorgungsausgleich* zu verstehen?

Mit der Scheidung wird von Amts wegen der **Versorgungsausgleich** durchgeführt. Beim Versorgungsausgleichsverfahren werden die während der Ehezeit ermittelten Rentenanwartschaften festgestellt und ausgeglichen.

Die gesetzlichen Regelungen über den Versorgungsausgleich sind bis auf zwei Ausnahmen zwingend:

- Ausschluss durch Ehevertrag möglich, § 1408 II BGB, aber unwirksam, wenn innerhalb eines Jahres nach dem Ausschluss Antrag auf Scheidung gestellt wird, §§ 1408 II 2, 1414 2 BGB.

- Parteivereinbarungen über den Versorgungsausgleich anlässlich des Scheidungsverfahrens möglich, § 1587 o BGB (Sonderregelung im Verhältnis zu § 1408 II BGB).

2. Wie wird der Versorgungsausgleich durchgeführt?

Je nach Art der auszugleichenden Versorgung stehen für die Durchführung des Versorgungsausgleichs verschiedene Methoden zur Verfügung. Vorrangig wird der Ausgleich **öffentlich-rechtlich** durchgeführt, wobei der Ausgleichspflichtige dem Berechtigten Anwartschaften in einer gesetzlichen Rentenversicherung verschafft; **ausnahmsweise** ist **nach dem VAHRG auch die Realteilung** von berufsständischen Versorgungen oder privaten Rentenversicherungen vorgesehen. Daneben sind durch das VAHRG **weitere Formen** des Ausgleichs geschaffen worden. In den gesetzlich vorgesehenen Ausnahmefällen des § 1587 f. BGB sowie nach Maßgabe des VAHRG kommt subsidiär der schuldrechtliche Ausgleichsanspruch zur Anwendung.

3. In welchen *vier Schritten* wird der öffentlich-rechtliche Versorgungsausgleich durchgeführt?

Prüfungsreihenfolge für die Ermittlung des Versorgungsausgleichs:

(1) Ermittlung der Versorgungstitel

(2) Wertermittlung

(3) Wertausgleich

(4) Ausgleich

4. Wie wirkt sich die Scheidung auf die sorgerechtliche Situation aus, wenn aus der Ehe Kinder hervorgegangen sind?

Die Scheidung der Eltern ist kein (zwingender) Anknüpfungspunkt für eine Sorgerechtsregelung. Beantragen die Eltern im Falle der Scheidung keine Sorgerechtsregelung, so bleibt das gemeinsame Sorgerecht (§ 1626 I 1 BGB) einfach weiterbestehen.

Die gemeinsame elterliche Sorge nach Trennung und Scheidung ist jedoch besonders ausgestaltet, das gemeinsame Sorgerecht wandelt sich also aufgrund des Getrenntlebens der Eltern in seiner Struktur.

Hinweis: Die Grundzüge des Sorgerechts werden ausführlich im Rahmen des Kindschaftsrechts dargelegt.

---

5. Was ist unter „Umgangsrecht" zu verstehen und wie wird dieses geregelt?

Die Regelung des **Umgangsrechts** richtet sich nach § 1684 BGB, wobei ein Recht des Kindes auf Umgang mit jedem Elternteil und eine Pflicht und ein Recht jedes Elternteils zum Umgang mit dem Kind besteht. Das Umgangsrecht gehört ausdrücklich zum Kindeswohl (§ 1626 III BGB).

Entscheidungskriterien: Eine Einschränkung des Umgangsrechts oder ein Ausschluss des Umgangsrechts kann nur bei einer Gefährdung des Kindeswohls erfolgen (§ 1684 IV 1 BGB). Das Gericht ist gehalten, in jeder Lage des Verfahrens auf eine gütliche Einigung hinzuwirken (§ 52 I FGG).

Hinweis: Die Grundzüge des Umgangsrechts werden ebenfalls ausführlich im Rahmen des Kindschaftsrechts dargelegt, so dass an dieser Stelle nur einige allgemeine Grundsätze erläutert werden.

---

6. Wonach richtet sich die Regelung der Rechtsverhältnisse an der Ehewohnung und am Hausrat anlässlich der Scheidung?

a) Ehewohnung

Die rechtsgestaltende Entscheidung über die Wohnung nach §§ 3-6 HausratsVO erfolgt unter Berücksichtigung aller Umstände des Einzelfalls, insbesondere des Wohls der Kinder, nach billigem Ermessen, §§ 2, 5 HausratsVO.

Beteiligte sind der Vermieter der Ehewohnung, der Grundstückseigentümer, der Dienstherr und Personen, mit denen die Ehegatten oder einer von ihnen hinsichtlich der Wohnung in Rechtsgemeinschaft stehen, § 7 HausratsVO. Die Beteiligtenstellung gibt zwar kein Antragsrecht, jedoch ein Beschwerderecht, § 14 HausratsVO, § 621 e ZPO, § 20 FGG.

Ist einer der Ehegatten allein oder gemeinsam Eigentümer der Ehewohnung oder des Hauses, in dem die Ehewohnung sich befindet, so soll der Richter die Wohnung dem anderen Ehegatten nur zuweisen, wenn dies notwendig ist, um eine unbillige Härte zu vermeiden, § 3 I HausratsVO. Für eine Mietwohnung kann der Richter bestimmen, dass ein von beiden Ehegatten eingegangenes Mietverhältnis von einem Ehegatten allein fortgesetzt wird oder dass ein Ehegatte an Stelle des anderen in ein von diesem eingegangenes Mietverhältnis eintritt; der Richter kann zugunsten des Vermieters Zinssicherungsanordnungen treffen (§ 5 HausratsVO).

b) Hausrat

Hausrat, der beiden Ehegatten gehört, verteilt der Richter gerecht und zweckmäßig (§ 8 I HausratsVO). Die Gegenstände gehen in das Alleineigentum des Ehegatten über, dem der Richter sie zuteilt (§ 8 III 1 HausratsVO). Entspricht es der Billigkeit, begründet der Richter eine Ausgleichszahlungspflicht des neuen Eigentümers (§ 8 III 2 HausratsVO). Eine wichtige gesetzliche Vermutung stellt § 8 II HausratsVO auf; sie gilt nur für die Verteilung nach der HausratsVO. Alleineigentum eines Ehegatten kann der Richter dem anderen Ehegatten nur unter den erschwerten Voraussetzungen des § 9 I HausratsVO zuweisen: Es muss sich um einen „notwendigen" Gegenstand handeln. Der andere Ehegatte muss auf seine Weiterbenutzung „angewiesen" sein. Und dem Eigentümer muss die Überlassung „zumutbar" sein. Im Regelfall kann der Richter nur ein Mietverhältnis zwischen Eigentümer und Nutzungsberechtigtem begründen; nur ausnahmsweise kommt Übertragung des Alleineigentums gegen Entgelt in Betracht (§ 9 II HausratsVO).

Haftet ein Ehegatte allein oder haften beide Ehegatten als Gesamtschuldner für Schulden, die mit dem Hausrat zusammenhängen, so kann der Richter bestimmen, welcher Ehegatte im Innenverhältnis zur Bezahlung der Schuld verpflichtet ist (§ 10 I HausratsVO). Gegenstände, die einem Ehegatten unter Eigentumsvorbehalt geliefert sind, soll der Richter dem anderen nur zuteilen, wenn der Gläubiger einverstanden ist (§ 10 II HausratsVO).

7. Wie wirkt sich die Ehescheidung auf den Ehenamen aus?

Gemäß § 1355 V BGB behält der Ehegatte grundsätzlich nach der Scheidung den Ehenamen. Mit Rechtskraft der Scheidung besteht für jeden Ehegatten die Möglichkeit, den Ehenamen abzulegen. Zu diesem Zweck muss er dem Standesbeamten das rechtskräftige Scheidungsurteil vorlegen und eine Erklärung abgeben, welchen Namen er wieder annehmen will. Es gibt nach § 1355 V BGB verschiedene Möglichkeiten:

- Wiederannahme des Geburtsnamens,

- Annahme des Namens, der bis zur Bestimmung des Ehenamens geführt wurde,

- Voranstellen oder Anfügen des Geburtsnamens an den Ehenamen und damit Führung eines Doppelnamens.

Die Erklärung kann vor dem örtlich zuständigen Standesbeamten, aber auch vor einem Notar abgegeben werden. Örtlich zuständig ist das Standesamt, welches das Familienbuch der Ehegatten führt.

Lektion 6: Die Eingetragene Lebenspartnerschaft

Allgemeines: Am 01.08.2001 trat das „Gesetz zur Beendigung der Diskriminierung gleichgeschlechtlicher Gemeinschaften" in Kraft. Kernstück dieses Gesetzes ist das Lebenspartnerschaftsgesetz (LPartG). Mit ihm wurde in Deutschland ein völlig neues familienrechtliches Rechtsinstitut geschaffen: Die „Eingetragene Lebenspartnerschaft". Das BVerfG hat durch Urteil vom 17.07.2002 festgestellt, dass die entsprechenden Normen mit dem Grundgesetz vereinbar sind.[26] Zum 01.01.2005 ist eine weitreichende Novelle zum Lebenspartnerschaftsrecht in Kraft getreten, das „Gesetz zur Überarbeitung des Lebenspartnerschaftsrechts". Durch die Novelle glich der Gesetzgeber, ermutigt durch die Entscheidungen des BVerfG, das Recht der Eingetragenen Lebenspartnerschaft weiter an das Recht der Ehe an.

1. Welche Voraussetzungen sind für die Eingehung einer Lebenspartnerschaft erforderlich?

Die Eingehung einer Lebenspartnerschaft setzt nach § 1 LPartG voraus:

- die Erklärung zweier Personen gleichen Geschlechts vor der zuständigen Behörde, eine Lebenspartnerschaft eingehen zu wollen, und

- das Nichteingreifen eines Partnerschaftsverbots nach § 1 II LPartG.

---

[26] BVerfG NJW 2002, 2543.

2. Welche Rechtsfolgen treten ein, wenn Begründungsmängel vorliegen?

Fehlt es an einer vom Gesetz für die Begründung der Lebenspartnerschaft aufgestellten Voraussetzung, so ist die Lebenspartnerschaft *ipso iure unwirksam*. Ein gerichtliches Auflösungsurteil ist weder erforderlich noch möglich. Jeder, nicht nur die Partner, sondern auch jeder Dritte, kann sich zu jeder Zeit und von Anfang an auf die Unwirksamkeit der Lebenspartnerschaft berufen. Damit unterscheidet sich das Partnerschaftsrecht ganz erheblich vom Eherecht: Die Ehe kann selbst bei gröbsten Begründungsmängeln (Bigamie, enge Verwandtschaft etc.) nur durch Urteil (§ 1313 BGB), nur ex nunc (§ 1313 S. 2, 1318 BGB), nur bei Nichtvorliegen eines Heilungstatbestandes (§ 1315 BGB) und (in der Regel, § 1318 BGB) nur mit Scheidungsfolgen aufgehoben werden.

Nach dem seit 01.01.2005 geltenden § 15 II 2 LPartG hebt das Familiengericht (§ 23 b I Nr. 15 GVG) die Lebenspartnerschaft durch Urteil (§ 15 I LPartG) auf, wenn bei einem Lebenspartner ein Willensmangel im Sinne des § 1314 II Nr. 1-4 BGB vorlag. In § 1314 II Nr. 1-4 BGB sind geregelt die Schließung der Ehe im Zustand der Bewusstlosigkeit oder vorübergehenden Störung der Geistestätigkeit (Nr. 1), der Irrtum darüber, dass es sich um eine Eheschließung handelt (Nr. 2), die arglistige Täuschung (Nr. 3) und die Drohung (Nr. 4).

3. Entsprechen die Rechtsfolgen der ordnungsgemäß zustande gekommenen Lebenspartnerschaft denen der Ehe?

In weiten Teilen ähneln die Rechtsfolgen der Lebenspartnerschaft denen der Ehe, auch wenn der Gesetzgeber – um den Vorwurf einer tatsächlichen Ehe zwischen Homosexuellen zu vermeiden – andere Begrifflichkeiten verwendet. So entspricht weitgehend

- § 2 LPartG - § 1353 BGB,

- § 3 LPartG - § 1355 BGB,

- § 4 LPartG - § 1359 BGB,

- § 8 I LPartG - § 1363 BGB,

- § 10 LPartG - §§ 1931 ff., 2265 BGB,

- §§ 12 – 14 LPartG - §§ 1361 ff. BGB.

Zum Teil verweist das LPartG auch direkt auf die Vorschriften des Familienrechts:

- § 5 LPartG - §§ 1360 S. 2, 1360 a, b, BGB,

- § 6 LPartG - §§ 1363 II, 1364 ff. BGB,

- § 8 II LPartG - 1357 BGB.

4. Angenommen, einer der Partner hat das alleinige Sorgerecht für ein Kind. Ist der andere Lebenspartner befugt, bezogen auf das Kind in irgendeiner Form Entscheidungen zu treffen?

Ja. Nach § 9 I LPartG kann der andere Lebenspartner in *Angelegenheiten des täglichen Lebens* mitentscheiden. Nach § 9 VI, VII LPartG ist auch eine *Adoption* durch Lebenspartner möglich.

5. Wonach bestimmt sich das Erbrecht der Lebenspartner?

Das Erbrecht des Lebenspartners richtet sich nach § 10 LPartG, der dem Ehegattenerbrecht nach §§ 1931 ff. BGB angeglichen ist. Nach § 10 IV LPartG können Lebenspartner auch ein gemeinschaftliches Testament errichten.

6. Begründet die Lebenspartnerschaft Unterhaltspflichten zwischen den Partnern?

Zu den wichtigsten Pflichten, die sich aus der Lebenspartnerschaft ergeben, gehört die Unterhaltspflicht während ihres Bestehens und für die Zeit nach einer Lebenspartnerschaftsaufhebung (§ 16 LPartG). Bei bestehender Lebenspartnerschaft unterscheidet das Gesetz wiederum, ob die Lebensgemeinschaft besteht (§ 5 LPartG, §§ 1360 S. 2, 1360a, 1360b BGB) oder die Partner bereits getrennt leben (§ 12 LPartG, §§ 1361 und 1609 BGB).

Sind beide Partner berufstätig, so haben sie Geldbeträge (Wirtschaftsgeld) für einen angemessenen Zeitraum im Voraus zum Unterhalt zur Verfügung zu stellen (§ 1360 a II 2 BGB, § 5 2 LPartG). Ist nach der Rollenverteilung einem Partner die Haushaltsführung überlassen, so erfüllt er seine Verpflichtung, durch Arbeit zum Unterhalt der Familie beizutragen, in der Regel durch die Führung des Haushalts (§ 1360 S. 2 BGB, § 5 S. 2 LPartG). Auch im Übrigen kann die Unterhaltspflicht ebenso durch tatsächliche Bewirkung (Naturalleistung) erfüllt werden.

7. Können die Lebenspartner einen gemeinsamen Namen bestimmen?

Ja. Nach § 3 I S. 1 LPartG können die Lebenspartner einen gemeinsamen Namen („Lebenspartnerschaftsnamen") bestimmen. Zu ihrem Lebenspartnerschaftsnamen können die Lebenspartner den Geburtsnamen oder den zur Zeit der Erklärung über die Bestimmung des Lebenspartnerschaftsnamens geführten Namen eines der Lebenspartner bestimmen (§ 3 I S. 2 LPartG). Ein Lebenspartner, dessen Geburtsname nicht Lebenspartnerschaftsname wird, kann durch Erklärung über die Bestimmung des Lebenspartnerschaftsnamens seinen Geburtsnamen oder den zur Zeit der Erklärung über die Bestimmung des Lebenspartnerschaftsnamens geführten Namen voranstellen oder anfügen (§ 3 II S. 1 LPartG).

Ein Lebenspartner behält den Lebenspartnerschaftsnamen auch nach der Beendigung der Lebenspartnerschaft. Er kann in diesem Fall jedoch durch Erklärung seinen Geburtsnamen oder den Namen wieder annehmen, den er bis zur Bestimmung des Lebenspartnerschaftsnamens geführt hat, oder seinen Geburtsnamen oder den bis zur Bestimmung des Lebenspartnerschaftsnamens geführten Namen dem Lebenspartnerschaftsnamen voranstellen oder anfügen.

8. Wie kann die Lebenspartnerschaft aufgehoben werden?

Was bei der Ehe die Scheidung heißt, ist bei der Eingetragenen Lebenspartnerschaft die **Aufhebung**. Deren Voraussetzungen regelt § 15 II 1 LPartG, und zwar im Wesentlichen deckungsgleich zum ehelichen Scheidungsrecht. Die Voraussetzungen für eine Aufhebung nach § 15 II – IV LPartG entsprechen denen der §§ 1565 ff. BGB. Wie die Ehe, kann auch die Lebenspartnerschaft nur durch ein gerichtliches Urteil aufgehoben werden, § 15 I LPartG.

9. Welche Rechtsfolgen hat die Aufhebung der Lebenspartnerschaft?

Die Rechtsfolgen der Aufhebung einer Lebenspartnerschaft richten sich nach §§ 16 – 20 LPartG und ähneln ebenfalls denen einer Ehescheidung:

a) Unterhalt

Der „nachpartnerschaftliche" Unterhalt ist in § 16 LPartG geregelt. Danach obliegt es jedem Lebenspartner nach Aufhebung der Lebenspartnerschaft, selbst für seinen Unterhalt zu sorgen. Ist er dazu außerstande, hat er gegen den anderen Lebenspartner einen Anspruch auf Unterhalt nur entsprechend den §§ 1570 bis 1586b und 1609 BGB.

b) Hausrat und gemeinsame Wohnung

Die §§ 17 – 19 LPartG regeln die Verteilung des gemeinsamen Hausrats sowie die Zuweisung der gemeinsamen Wohnung entsprechend der HausratsVO bei Ehegatten. Weitgehend wird dabei auf die HausratsVO verwiesen.

c) Versorgungsausgleich

Gemäß § 20 LPartG findet bei Aufhebung der Lebenspartnerschaft ein Versorgungsausgleich vergleichbar den §§ 1587 ff. BGB statt.

10. Existiert ein dem Institut der nichtehelichen Lebensgemeinschaft entsprechendes Institut der „lebenspartnerschaftsähnlichen Gemeinschaft"?

Ja. So wie es die „Ehe ohne Trauschein" gibt, die sog. nichteheliche Lebensgemeinschaft bzw. eheähnliche Gemeinschaft, so existiert auch die faktische homosexuelle Partnerschaft, die das Pflichtenprogramm des § 2 LPartG de facto lebt, ohne dass die Partner eine rechtsverbindliche Eingetragene Lebenspartnerschaft nach § 1 LPartG begründen. Für sie, die „lebenspartnerschaftsähnliche Gemeinschaft", muss dasselbe gelten wie für die eheähnliche Gemeinschaft.

Lektion 7: Die nichteheliche Lebensgemeinschaft

1. Was ist unter einer nichtehelichen Lebensgemeinschaft zu verstehen? Ist diese gesetzlich geregelt?

Eine **nichteheliche Lebensgemeinschaft** ist die Verbindung zweier Personen zwecks gemeinsamer Lebensführung ohne Trauschein. Mangels gesetzlicher Regelung wirft die nichteheliche Lebensgemeinschaft eine Vielzahl rechtlicher Probleme auf.

2. Finden die Vorschriften des Eherechts eine entsprechende Anwendung auf die nichteheliche Lebensgemeinschaft?

Grundsätzlich nicht. Ausnahmen kommen allenfalls dann in Betracht, wenn die Vorschriften nicht speziell auf die Ehe zugeschnitten sind, sondern auf jede Form einer engen Lebensgemeinschaft passen.

Keine entsprechende Anwendung finden insbesondere die §§ 1357, 1365, 1369, 1370 BGB. Dagegen wird ein eingeschränkter Haftungsmaßstab analog § 1359 BGB bejaht, womit auch hier das Problem der gestörten Gesamtschuld begründet werden kann.

Eine analoge Anwendung der Eigentumsvermutung des § 1362 BGB und der Gewahrsamsfiktion des § 739 ZPO wird von der h.M. bejaht, da diese Vorschriften andernfalls eine verfassungswidrige Schlechterstellung der Eheleute darstellen würde, Art. 6 I GG.

3. Steht die nichteheliche Lebensgemeinschaft unter dem besonderen Schutz des Art. 6 GG?

Nein. Die nichteheliche Lebensgemeinschaft wird aber vom allgemeinen Persönlichkeitsrecht des Art. 2 I GG i. V. m. Art. 1 I GG erfasst und als solche von der Verfassung akzeptiert.[27]

4. Hat die Eingehung einer nichtehelichen Lebensgemeinschaft Einfluss auf die Eigentumszuordnung?

Nein. Die nichteheliche Lebensgemeinschaft verändert als solche nicht die Zuordnung von Vermögen. Jeder Partner bleibt Eigentümer der Gegenstände, die er mit in die Beziehung gebracht hat. Später erworbene Sachen gehören dem, der sie erwirbt, es sei denn, er handelt als Stellvertreter des anderen Partners. An Hausrat und sonstigen gemeinsam genutzten Gegenständen wird i.d.R. Mitbesitz bestehen.

---

[27] Vgl. *BVerfG*, NJW 1981, 1201.

5. Sind die Partner einer nichtehelichen Lebensgemeinschaft einander unterhaltspflichtig?

Nein. Einen gesetzlichen Unterhaltsanspruch gibt es nicht. Die einzige Ausnahme stellt § 1615 L BGB dar (vgl. Im Einzelnen hierzu die Lektion „Unterhaltsrecht"), der freilich kein Zusammenleben voraussetzt, aber dadurch natürlich auch nicht ausgeschlossen wird. Weder die §§ 1360 ff. BGB noch die §§ 1569 ff. BGB sind analog anwendbar.

6. Welche Besonderheiten gelten für die nichteheliche Lebensgemeinschaft, wenn beide Partner zusammen eine Wohnung anmieten oder ein Partner den anderen in seine Wohnung aufnehmen will?

Mieten nichteheliche Partner zusammen eine Wohnung, so sind sie beide Vertragspartner des Vermieters, § 427 BGB.

Mietet dagegen nur ein Partner die Wohnung an und will er den anderen aufnehmen, dann hat der Vermieter gem. § 540, 553 BGB hierzu grundsätzlich die Erlaubnis zu erteilen; allerdings besteht i. d. R ein Anspruch auf die Genehmigung, da ein „berechtigtes Interesse" vorliegt.

7. Ergeben sich aus der nichtehelichen Lebensgemeinschaft personale Pflichten der Partner zueinander?

Die §§ 1353, 1356 BGB gelten für die nichteheliche Lebensgemeinschaft nicht, auch nicht analog. Personale Pflichten können aber durch Partnerschaftsvertrag begründet werden. Dieser bedarf keiner Form und unterliegt nicht dem Verdikt der Sittenwidrigkeit, wenn einer der Partner noch verheiratet ist.

8. Wie gestaltet sich die erbrechtliche Situation, wenn einer der Lebensgefährten stirbt?

Beim Tod des Lebensgefährten hat der überlebende Teil **kein gesetzliches Erbrecht**. Auch die Errichtung eines gemeinsamen Testaments gem. §§ 2265 ff. BGB ist den Partnern einer nichtehelichen Lebensgemeinschaft nicht möglich. Demnach bleibt für sie nur der Weg der Erbeinsetzung **durch Testament** oder **durch Erbvertrag**. Im Rahmen des § 1969 BGB („Dreißigster") wird der nichteheliche Partner jedoch zu den Familienangehörigen gerechnet.

9. Können die Partner einer nichtehelichen Lebensgemeinschaft *im Innenverhältnis* vertragliche Vereinbarungen treffen?

Ja. Das Innenverhältnis ist grundsätzlich einer privatautonomen Regelung durch die Parteien zugänglich (sog. Partnerschaftsverträge).

Zu beachten ist jedoch, dass solche vertraglichen Vereinbarungen dort ihre Grenze finden, wo sie den engsten persönlichen Freiheitsbereich, insbesondere den der höchstpersönlichen ehelichen Herstellungspflichten des § 1353 I 2 BGB der einer vertraglichen Regelung nicht zugänglich ist, berühren. Eine vertragliche Verpflichtung zu sexueller Treue oder ein vertraglicher Ausschluss der Trennung wird also an § 138 I BGB scheitern. Ebenso wenig können die Partner verbindlich und schadensersatzbewehrt den Gebrauch empfängnisverhütender Mittel vereinbaren. Auch ein echtes Vertragsstrafeversprechen (§ 343 II BGB) für diese rechtsgeschäftlicher Regelung nicht zugänglichen Fälle ist entsprechend § 344 BGB unwirksam. Umfassende Regelungen der vermögensrechtlichen Beziehungen (vertragliche Unterhaltsvereinbarungen u.ä.) können an § 138 I BGB scheitern, wenn sie zu einer unverhältnismäßigen wirtschaftlichen Abhängigkeit für die Zukunft führen (Knebelung).

10. Unter welchen Voraussetzungen kommen nach Beendigung der nichtehelichen Lebensgemeinschaft Rückgewähransprüche in Betracht?

Nach Beendigung der nichtehelichen Lebensgemeinschaft stellt sich die Frage, ob für Dienste, die während des Bestehens der nichtehelichen Lebensgemeinschaft geleistet wurden oder Zuwendungen, die erbracht wurden, nach der Auflösung ein Ausgleichsanspruch besteht.

Eine analoge Anwendung der §§ 1372 ff. BGB, d.h. eine Einordnung der nichtehelichen Lebensgemeinschaft als „faktische Ehe", kommt wegen des entgegenstehenden Willens der Partner, welche die rechtliche Bindung durch die Ehe gerade nicht wollten, ebenso wenig in Betracht wie eine Anwendung der §§ 1298 ff. BGB, die das Vertrauen auf die spätere Eheschließung schützen, welche hier ebenfalls nicht gewollt ist.

Die Annahme einer stillschweigend begründeten Innengesellschaft wird häufig am fehlenden Rechtsbindungswillen scheitern. Ein solcher ist nur dann anzunehmen, wenn ein über das bloße Zusammenleben hinausreichender Zweck verfolgt wurde.

Es gibt demnach keine stillschweigende güterstandsähnliche allgemeine Vermögensgemeinschaft zwischen den Partnern einer nichtehelichen Lebensgemeinschaft, welche zu einer umfassenden Rückabwicklung gem. §§ 726, 730 ff. BGB führen würde. Ein gesellschaftsrechtlicher Ausgleich für Arbeits- und Vermögensleistungen, die im Interesse der nichtehelichen Lebensgemeinschaft erbracht wurden, findet also nicht statt.

Eine Rückabwicklung nach den gesellschaftsrechtlichen Regeln erfolgt dagegen, wenn die Parteien mit dem Erwerb eines Vermögensgegenstandes einen Wert schaffen wollten, der nach ihrer Vorstellung wirtschaftlich beiden zusammen gehören sollte. Es besteht auch dann zwischen ihnen eine Innengesellschaft, wenn der Vermögensgegenstand im Eigentum nur eines von ihnen steht.

Gegebenenfalls kommen auch Ansprüche aus Gemeinschaft in Betracht, §§ 749, 1006, 742 BGB, da insbesondere bei Haushaltsgegenständen davon ausgegangen werden kann, dass diese nach den allgemeinen Grundsätzen des Geschäfts für den, den es angeht, zu Miteigentum erworben wurden.

Ist weder eine Lösung über Gesellschafts- noch über Gemeinschaftsrecht möglich, erscheint aber die Verneinung jeglicher Ansprüche als grob unbillig, ist (wie bei Eheleuten) an einen Anspruch aus § 313 I BGB zu denken. Durch die Trennung ist die Geschäftsgrundlage für die unbenannte Zuwendung weggefallen.

Lektion 8: Das Kindschaftsrecht

I. Überblick

1. Was gehört zum Kindschaftsrecht?

Der zweite Abschnitt des Familienrechts des BGB (§§ 1589-1772 BGB) trägt den Titel **„Verwandtschaft"**. In seinen Vorschriften geht es jedoch vor allen Dingen um das **Verwandtschaftsverhältnis zwischen Eltern und Kindern** in all seinen Ausprägungen. Sonstige Verwandtschaftsverhältnisse spielen daneben eine lediglich untergeordnete Rolle. Das Kindschaftsrecht ist Gegenstand dieser 8. Lektion. Das Kindschaftsrecht hat folgendes zum Gegenstand:

a) Bis zur Volljährigkeit

Bis zur Volljährigkeit steht das Kind unter elterlicher Sorge (§§ 1626 ff. BGB), sind Eltern und Kind durch ein gegenseitiges, besonders intensives (§§ 1603 II, 1609 BGB) Unterhaltsverhältnis miteinander verbunden (§§ 1601 ff. BGB), ferner durch ein gegenseitiges gesetzliches Erb- und Pflichtteilsrecht (§§ 1924 ff., 2303 ff. BGB), durch das gegenseitige Umgangsrecht (§ 1684 BGB) und ein beidseitiges Eheverbot (§ 1307 BGB); jeder Teil hat das Recht zur Vaterschaftsanfechtung. Der betreuende Elternteil besitzt gegen den anderen Elternteil einen eigenen Unterhaltsanspruch (§§ 1360 a, 1361, 1570, 1615 L BGB), der unmittelbar auch dem Kind zugute kommt.

b) Nach Erreichen der Volljährigkeit

Mit Erreichen der Volljährigkeit enden die elterliche Sorge, die gesetzliche Vertretung und das gegenseitige Umgangsrecht, die Haftung der Eltern für Aufsichtsverschulden (§ 832 BGB) und das Widerspruchsrecht nach § 1303 III BGB. Es endet dagegen nicht die gegenseitige Unterhaltpflicht, das gegenseitige Erb- und Pflichtteilsrecht, die gegenseitige Pflicht zu Beistand und Rücksicht, das Recht zur Vaterschaftsanfechtung, das Eheverbot. Selbst der eigene Unterhaltsanspruch des betreuenden Elternteils kann die Volljährigkeit des Kindes überleben. Die Mitarbeitspflicht des Kindes in Haus und Geschäft nach § 1619 BGB überdauert die Volljährigkeit, ja selbst das Ende der elterlichen Unterhaltspflicht, da die Norm nur auf faktische Unterhaltsgewährung durch die Eltern (und die Angehörigkeit zu deren Hausstand) abstellt.

Hinweis: Das Kindschaftsrecht unterscheidet nicht mehr zwischen ehelichen und nichtehelichen Kindern!

II. Das Abstammungsrecht

1. Was ist unter Verwandtschaft und Schwägerschaft zu verstehen?

Die Begriffe „Verwandtschaft" und „Schwägerschaft" wurden bereits in Lektion 1: „Grundbegriffe des Familienrechts" erläutert, so dass an dieser Stelle auf die dortigen Ausführungen verwiesen wird.

2. Wer ist Mutter eines Kindes?

Mutter eines Kindes ist die Frau, die es geboren hat („mater semper certa est"), § 1591 BGB (Mutterschaft).

Das Abstammungsrecht ist grundsätzlich an der biologischen Elternschaft ausgerichtet. Allerdings geht die rechtliche Zuordnung, die für das Abstammungsrecht maßgeblich ist, darüber hinaus. Die moderne Fortpflanzungsmedizin (Insemination, Ei- und Embryonenspende) führt dazu, dass die Abweichung zwischen biologischer und rechtlicher Abstammung immer größer wird. Im Rahmen einer Leih- und Ersatzmutterschaft ist somit die gebärende Frau die Mutter. Eine Anfechtung ist nicht möglich.[28] Die psychosoziale und körperliche Bindung zwischen austragender / gebärender Mutter und dem Kind soll vor Eingriffsmöglichkeiten der genetischen Mutter geschützt werden. Ob im Wege der Feststellungsklage des Kindes die Feststellung der genetischen Abstammung zulässig ist, ist umstritten.

---

[28] Zum Verbot der Leih- und Ersatzmutterschaft nach §§ 13c, 13d AdVeriG und § 1 I EschG.

70

3. Wer ist Vater eines Kindes?

Die **Vaterschaft** beruht gem. § 1592 BGB auf

- der Ehe mit der Mutter des Kindes,

- der Anerkennung oder

- der gerichtlichen Feststellung nach § 1600d BGB oder § 640h II ZPO.

4. Was bedeutet im Einzelnen „Vaterschaft durch Verheiratung" nach § 1592 Nr. 1 BGB?

Für die Vaterschaft kraft Ehe genügt die Tatsache, dass der Mann zum Zeitpunkt der Geburt des Kindes mit der Mutter verheiratet ist (§ 1592 Nr. 1 BGB). Demgegenüber verändert die nach der Geburt erfolgte Eheschließung den Status des Kindes nicht mehr.[29] Irrelevant bleibt, ob das Kind vor oder während der Ehe gezeugt wurde, ebenso, ob die Ehe an einem Aufhebungsmangel litt und später aufgelöst wird. Wird das Kind nach Auflösung der Ehe durch den Tod des Mannes geboren, so ist dieser als Vater des Kindes anzusehen, wenn es innerhalb von 300 Tagen nach der Auflösung der Ehe geboren worden ist oder feststeht, dass das Kind mehr als 300 Tage vor der Geburt empfangen wurde. Hat die Witwe jedoch innerhalb der 300 Tage nach dem Tod ihres früheren Ehemannes erneut geheiratet, wird der neue Ehemann als Vater des Kindes vermutet (§ 1593 I 3 BGB). Wird dessen Vaterschaft erfolgreich angefochten, so gilt wiederum die Zurechnung an den verstorbenen Ehemann.

5. Was bedeutet im Einzelnen „Vaterschaft durch Anerkennung" nach § 1592 Nr. 2 BGB?

Sind die Eltern im Zeitpunkt der Geburt nicht verheiratet, kann der Mann seine Vaterschaft nur anerkennen, § 1592 Nr. 2 BGB. Sie ist nicht wirksam, solange die Vaterschaft eines anderen, etwa die des Ehemannes der Mutter besteht. Bis zur diesbezüglichen Klärung ist sie schwebend unwirksam. Die Anerkennung kann schon vor Geburt des Kindes erfolgen (§ 1594 IV BGB). Sie muss öffentlich beurkundet sein (§ 1597 I BGB). Die Anerkennung ist höchstpersönlich (§ 1596 IV BGB). Sie kann nicht unter einer Bedingung oder einer Zeitbestimmung erklärt werden (§ 1594 III BGB). Sie kann auch noch erfolgen, wenn das Kind bereits volljährig ist. Die Vaterschaftsanerkennung bedarf der Zustimmung der Mutter (§ 1595 I BGB), die nicht ersetzt werden kann. Verweigert die

---

[29] Zum Status der gemeinsamen Sorge vgl. § 1626a I Nr. 2 BGB.

Mutter die Zustimmung, muss die Vaterschaft im gerichtlichen Feststellungsverfahren geklärt werden. Die Zustimmung des Kindes ist nur erforderlich, wenn der Mutter (insoweit) nicht die elterliche Sorge zusteht. Das ist z.b. bei Volljährigkeit des Kindes der Fall. Die Zustimmung des Ehemannes der Mutter wird benötigt, wenn die Vaterschaftszurechnung kraft Ehe gem. § 1599 II BGB beseitigt werden soll.

6. Wann erfolgt eine gerichtliche Feststellung der Vaterschaft?

Eine gerichtliche Feststellung der Vaterschaft erfolgt nur, wenn keine Vaterschaft kraft Ehe oder Anerkennung vorliegt, vgl. § 1600d I BGB.

Zuständig hierfür ist das Familiengericht, § 1600d I BGB. Dieses entscheidet über die Feststellung der Vaterschaft auf Grund einer

• Klage des Mannes gegen das Kind oder

• Klage der Mutter oder des Kindes gegen den Mann.

Durch Gerichtsurteil wird festgestellt, dass der Mann der Vater des Kindes ist. Die genetische Abstammung wird durch medizinische und humangenetische Abstammungsgutachten ermittelt. Ein System ist die Genomanalyse (DNA-Analyse). Heimlich eingeholte Gutachten durch Haare, Hautreste und Speichelproben dürfen im Abstammungsprozess nicht verwertet werden.[30]

Ist die Person, gegen welche die Klage zu richten wäre, verstorben, so entscheidet das Familiengericht auf Antrag der Person, die nach § 1600e I BGB klagebefugt wäre (§ 1600e II BGB).

Im gerichtlichen Vaterschaftsfeststellungsverfahren wird als Vater vermutet, wer der Mutter während der Empfängniszeit beigewohnt hat, es sei denn, es bestehen schwerwiegende Zweifel an der Vaterschaft (§ 1600d II BGB). Als Empfängniszeit gilt gem. § 1600d III BGB die Zeit von dem 300. bis zum 181. Tag vor der Geburt des Kindes mit Einschluss der genannten Tage. Steht eine andere Empfängniszeit fest, gilt diese.

7. Welchem Zweck dient die Anfechtung der Vaterschaft?

Die **Anfechtung der Vaterschaft** dient dazu, die Fiktion einer nicht mit der biologischen Vaterschaft übereinstimmenden rechtlichen Vaterschaft zu beseitigen.

---

[30] *BGH*, Urt. v. 12.1.2005 – XII ZR 227/03, FamRZ 2005, 340 = NJW 2005, 497 = MDR 2005, 632; vgl. auch *Wellenhofer*, FamRZ 2005, 665 ff.

8. Wer ist anfechtungsberechtigt?

Anfechtungsberechtigt ist der Mann, dessen Vaterschaft vermutet wird. Der „leibliche" (biologische) Vater, die Mutter und das Kind sind ebenfalls anfechtungsberechtigt (§ 1600 I BGB). Das Anfechtungsrecht des leiblichen Vaters hängt davon ab, dass er glaubhaft macht, der Mutter des Kindes beigewohnt zu haben. Zudem darf zwischen dem rechtlichen Vater und dem Kind keine sozial-familiäre Beziehung bestehen oder im Zeitpunkt seines Todes bestanden haben.

9. Ist die gerichtliche Anfechtung der Vaterschaft fristgebunden?

Ja. Die Vaterschaft kann binnen zwei Jahren gerichtlich angefochten werden. Die Frist beginnt mit dem Zeitpunkt, in dem der Berechtigte von Umständen erfährt, die gegen die Vaterschaft sprechen (§ 1600b I BGB). Die Frist beginnt nicht vor der Geburt des Kindes und nicht, bevor die Anerkennung wirksam geworden ist (§ 1600b II 1 BGB).

Ein Kind, dessen gesetzlicher Vertreter die Vaterschaft nicht rechtzeitig angefochten hat, kann ab Volljährigkeit selbst anfechten, § 1600b III BGB. In diesem Fall beginnt die Frist nicht vor Eintritt der Volljährigkeit und nicht vor dem Zeitpunkt, in dem das Kind von den Umständen erfährt, die gegen die Vaterschaft sprechen.

Nach § 1600b V BGB wird die Frist u. a. durch die Einleitung eines Verfahrens nach § 1598 a II BGB *gehemmt*. Gem. § 1600b VI BGB beginnt die Frist des § 1600b I 1 BGB erneut zu laufen, wenn das Kind von Umständen Kenntnis erlangt, aufgrund derer die Folgen der Vaterschaft für es unzumutbar werden.

10. Kann die Vaterschaft unabhängig vom Anfechtungsverfahren geklärt werden?

Aufgrund des am 1. April 2008 in Kraft getretenen § 1598a (lesen!) ist es nunmehr möglich, die genetische Abstammung eines Kindes unabhängig von der Anfechtung der Vaterschaft feststellen zu lassen.

11. Wie ist die Rechtslage, wenn der Scheinvater für das Kind Unterhaltsleistungen erbracht hat?

Hat der **Scheinvater** für das Kind **Unterhaltsleistungen** erbracht, scheitert ein Anspruch auf Rückforderung häufig daran, dass die Leistungen verbraucht sind (§ 818 III BGB). Allerdings geht der Unterhaltsanspruch, den das Kind gegen den wirklichen Vater hat, auf den Scheinvater kraft Gesetzes über (§ 1607 III 2 BGB). Insoweit kann Unterhalt auch für die Vergangenheit gefordert werden (§ 1613 II Nr. 2a BGB). Der Unterhaltsregress kann jedoch erst dann geltend gemacht werden, wenn die Vaterschaft des leiblichen Vaters festgestellt ist. Dieser hat auch die Kosten des Anfechtungsverfahrens zu erstatten (§ 1607 III 2

BGB). Ansprüche aus unerlaubter Handlung sind gegen den leiblichen Vater und die Ehefrau meist nicht gegeben.

12. Gibt es ein Recht auf Kenntnis der eigenen Abstammung?

Das Recht des Menschen auf **Kenntnis seiner eigenen genetischen Abstammung** folgt aus Art. 2 I und Art. 1 I GG.[31] Das Kind kann durch weitgehende Anfechtungsrechte seine Zuordnung zum „Scheinvater" beseitigen. Eine Anfechtung zur Mutterschaft sieht das Gesetz nicht vor. Das Kind kann von seiner Mutter Auskunft über die Person seines Vaters oder die als Vater in Betracht kommenden Männer fordern (h.M.). Der Mutter steht allerdings ebenfalls das Persönlichkeitsrecht zu, das auch die Intimsphäre schützt. Deshalb ist eine Abwägung der beiderseitigen Interessen geboten. Jedoch darf die Mutter durch die Vorenthaltung von Informationen das Recht des Kindes auf Kenntnis seiner Abstammung nicht vereiteln.

III. Das elterliche Sorgerecht

1. Wie ist der Begriff der „elterlichen Sorge" definiert? Welche Teilbereiche umfasst die elterliche Sorge?

Elterliche Sorge ist die gemeinsame Pflicht und das Recht der Eltern, für ihre minderjährigen Kinder zu sorgen (§ 1626 I BGB).

Vom Blickpunkt der elterlichen Pflicht aus gesehen, umfasst die elterliche Sorge inhaltlich die Sorge für die Person des Kindes (sog. **Personensorge**) und die Sorge für das Vermögen des Kindes (sog. **Vermögenssorge**), § 1626 I 2 BGB. Die Sorgepflicht ist allerdings umfassender und mannigfaltiger, als die genannte Einteilung vermuten lässt. Ziel ist die Hinführung eines jungen Menschen zur persönlichen und wirtschaftlichen Selbstständigkeit (vgl. § 1626 II 1 BGB); die elterliche Sorge ist daher auf die Wahrung und Förderung der körperlichen und geistigen, seelischen, sozialen und wirtschaftlichen Interessen des Kindes gerichtet.

2. Ist die elterliche Sorge verzichtbar? Kann die elterliche Sorge übertragen werden?

Die elterliche Sorge ist wegen ihres Pflichtgehalts grundsätzlich unverzichtbar. Als höchstpersönliches Recht ist sie unübertragbar. Die Ausübung kann allerdings durch formlosen Vertrag überlassen werden. Nichtig ist eine Vereinbarung, mit der das Sorgerecht kommerzialisiert wird.

---

[31] *BVerfG*, Beschl. v. 6.5.1997 – 1 BvR 409/90, BverfGE 96, 56 = FamRZ 1997, 869 = NJW 1997, 1769 = EuGRZ 1997, 258.

3. Wann besteht ein *gemeinsames Sorgerecht* der Eltern?

Zur **gemeinsamen Sorge** berechtigt sind Eltern, wenn sie im Zeitpunkt der Geburt ihres Kindes miteinander verheiratet sind (§ 1626 I BGB). Erfolgt die Eheschließung nach der Geburt, besteht ab dem Gang zum Standesamt die gemeinsame Sorge (§ 1626a I Nr. 2 BGB). Ohne Eheschließung können Eltern erklären, dass sie die Sorge gemeinsam übernehmen wollen (§ 1626a I Nr. 1 BGB). Diese Sorgeerklärungen können nur *höchstpersönlich* abgegeben werden. Sie müssen öffentlich beurkundet werden. Sie dürfen nicht an eine Bedingung oder Zeitbestimmung geknüpft werden. Sie können eine vorausgehende gerichtliche Entscheidung nicht ändern. Die Sorgeerklärungen können auch schon vor Geburt des Kindes abgegeben werden, nicht aber vor der Zeugung. Nicht Voraussetzung einer gemeinsamen Sorgeerklärung ist, dass die Eltern zusammenleben.

4. Wann hat ein Elternteil das *alleinige Sorgerecht*?

Unter bestimmten Voraussetzungen hat ein Elternteil *allein* das Sorgerecht:

- Geben nicht miteinander verheiratete Eltern keine Sorgeerklärungen ab, steht der Mutter die alleinige elterliche Sorge zu (§ 1626a II BGB).

- Die Gemeinsamkeit der elterlichen Sorge endet bei Gefahr in Verzug. Jeder Elternteil ist in diesem Fall allein sorgeberechtigt, § 1629 I 4 BGB.

- Unter den Voraussetzungen der §§ 1673, 1674 BGB ruht die elterliche Sorge. Der andere Elternteil übt dann die elterliche Sorge allein aus, §§ 1675, 1678 I BGB.

- Ist die elterliche Sorge eines Elternteils durch Tod oder Todeserklärung (vgl. § 9 VerschG) erloschen, § 1677 BGB, so steht sie dem anderen Elternteil allein zu, §§ 1680, 1681 BGB.

- Wurde einem Elternteil durch das Familiengericht das Sorgerecht ganz oder teilweise entzogen, §§ 1666, 1666a BGB, so übt der andere Elternteil die elterliche Sorge insoweit aus.

5. Was gehört im Einzelnen zur Personensorge?

Die **Personensorge** umfasst die Pflege des Kindes, d.h. die Sorge für sein leibliches Wohl und seine gesunde Entwicklung, sowie seine Erziehung, d.h., die Sorge für seine geistige, seelische und soziale Entwicklung. Dazu gehört insbesondere die Wahl des Berufs und der Ausbildungsstätte. Sie umfasst ferner das Recht der Aufenthaltsbestimmung. Hierzu gehört auch das Recht, die Herausgabe des Kindes von jedem zu verlangen, der es den Eltern widerrechtlich vorenthält (§ 1632 I BGB). Eltern bestimmen den Umgang des Kindes mit anderen Personen. Kinder haben ein Recht auf eine gewaltfreie Erziehung (§ 1631 II BGB). Auch die Geltendmachung von Unterhaltsansprüchen ist Teil der Personensorge. Nach Vollendung des zwölften Lebensjahres kann das Kind nicht mehr zur Konvertierung gezwungen werden; nach Vollendung des vierzehnten Lebensjahres bestimmt es das religiöse Bekenntnis selbst (§ 5 RelKErzG).

6. Was wird im Einzelnen von der Vermögenssorge umfasst?

Die **Vermögenssorge** ist die Erhaltung, Vermehrung und Verwendung des Vermögens im Kindesinteresse. Sie enthält auch das Recht, Vermögenswerte des Kindes in Besitz zu nehmen. Bei der Vermögensverwaltung ist Geld nach den Grundsätzen einer wirtschaftlichen Vermögensverwaltung anzulegen, soweit es nicht der Bestreitung von Ausgaben dient (§ 1642 BGB). Eltern sind hierbei an die Anordnungen gebunden, die der Erblasser bzw. Schenker gegeben hat (§ 1639 BGB). Zu besonders wichtigen Rechtsgeschäften benötigen Eltern die Genehmigung des Familiengerichts (§ 1643 BGB). Zu den genehmigungsbedürftigen Geschäften gehören insbesondere Grundstücksgeschäfte, bestimmte Miet- und Pachtverträge, gewisse Kreditgeschäfte, die Übernahme der Haftung für fremde Verbindlichkeiten sowie Geschäfte, die sich auf eine Erbschaft beziehen (§ 1643 BGB). Maßstab für die Erteilung der Genehmigung ist das Kindeswohl (§ 1697a BGB).

7. Wie gestaltet sich die gesetzliche Vertretungsmacht der Eltern?

Da das minderjährige Kind im Rechtsverkehr selbst nur in den durch §§ 106-113 BGB gezogenen Grenzen tätig werden kann, bedarf es als Rechtsträger, der das Kind ist, der Vertretung; diese räumt das Gesetz den Eltern / Elternteilen gemäß § 1629 I 1 BGB als **gesetzliche Vertretungsmacht** ein. Diese gesetzliche Vertretungsmacht der Eltern entspricht in ihrem Umfang der Personen- und Vermögenssorge. Eltern vertreten das Kind gemeinschaftlich (§ 1629 I 2 BGB). Ist eine Willenserklärung gegenüber dem Kind abzugeben, so ist insoweit jeder Elternteil alleinvertretungsberechtigt. Die Eltern können sich auch wechselseitig zur Vertretung bevollmächtigen. Alleinige Vertretungsmacht besteht, wenn ein Elternteil die elterliche Sorge allein ausübt, ihm die Entscheidung der betreffenden Frage allein übertragen worden ist und bei Gefahr in Verzug (§ 1629 I BGB). Bei der Durchsetzung von Unterhaltsansprüchen des Kindes gegen den anderen Elternteil hat derjenige Elternteil die Vertretungsmacht, in dessen Obhut sich das Kind befindet (§ 1629 II BGB). Eltern sind von der Vertretung des Kindes ausgeschlossen, wenn bei einem entsprechenden Vorgang ein Vormund das Kind nicht vertreten dürfte (§§ 1629 II 1, 1795 I BGB). Betroffen sind insbesondere Rechtsgeschäfte mit dem Ehegatten, mit dem Lebenspartner, mit Verwandten in gerader Linie, die nicht in der Erfüllung einer Verbindlichkeit bestehen. Ein weiteres Verbot besteht bei einem Selbstkontrahieren und Mehrfachvertretung. Zudem wurde in § 1629 BGB ein neuer Abs. 2a eingefügt, wonach der Vater und die Mutter das Kind in einem gerichtlichen Verfahren nach § 1598a II BGB nicht vertreten können.

8. Was geschieht, wenn die Eltern, die ein gemeinsames Sorgerecht ausüben, sich nicht einigen können?

Bei Meinungsverschiedenheiten die elterliche Sorge betreffend, müssen die Eltern versuchen, sich zu einigen (§ 1627 S. 2 BGB). Gegebenenfalls kann eine Entscheidung des Familiengerichts beantragt werden (§ 1628 BGB). Das Gericht entscheidet nach dem Kindeswohl und überträgt einem Elternteil diesbezügliche Entscheidungsbefugnis.

9. Führen Trennung und Scheidung zur Beendigung der gemeinsamen elterlichen Sorge?

Nein. Auch im Scheidungsverfahren besteht kein Zwangsverbund des Inhalts mehr, dass das Familiengericht stets über die elterliche Sorge für minderjährige Kinder entscheiden muss. Macht jedoch ein Elternteil bis zum Schluss der mündlichen Verhandlung in erster Instanz ein Sorgerechtsverfahren mit dem Ziel anhängig, ihm ganz oder teilweise das Sorgerecht allein zu übertragen, so ist hierüber im Scheidungsverbund zu entscheiden (§ 623 IV 1 ZPO).

10. Wirkt sich die Aufhebung der häuslichen Gemeinschaft auf das Sorgerecht aus?

Ja. Leben die Eltern nicht nur vorübergehend getrennt, so ist ihr Einvernehmen lediglich noch in Angelegenheiten erforderlich, deren Regelung für das Kind von erheblicher Bedeutung ist. In den übrigen Fällen entscheidet derjenige Elternteil allein, bei dem sich das Kind mit Einwilligung des anderen Elternteils oder auf Grund gerichtlicher Entscheidung gewöhnlich aufhält (§ 1687 I BGB). Dies hat auch Auswirkungen auf die gesetzliche Vertretungsmacht.[32]

---

[32] Zur Abgrenzung der Angelegenheiten von erheblicher Bedeutung und solchen des täglichen Lebens s. Schwab, FamRZ 1998, 457 ff.

11. Nach welchen Vorschriften richtet sich das Sorgerechtsverfahren? Welches Gericht ist zuständig?

Das Sorgerechtsverfahren richtet sich nach den Vorschriften des FGG. Zuständig sind die Familiengerichte (§ 23b I 2 Nr. 2 GVG). Dem minderjährigen Kind kann ein Verfahrenspfleger bestellt werden (§ 50 I FGG, sog. Anwalt des Kindes).

IV. Das Recht auf Umgang und Auskunft

1. Was ist unter Recht auf Umgang und Auskunft zu verstehen?

Das Kind hat ein **Recht auf Umgang** mit jedem Elternteil. Umgekehrt ist jeder Elternteil zum Umgang mit dem Kind verpflichtet und berechtigt (§ 1684 BGB). Der Umgang erfolgt durch zeitlich begrenzte Kontakte, z.B. gemeinsame Wochenenden, Besuche, Reisen und Ferienaufenthalte. Es kann auch durch Telefonate und Briefe bzw. E-Mails ausgeübt werden. Außerdem kann jeder Elternteil vom anderen Auskunft über die persönlichen Verhältnisse des Kindes verlangen.

2. Welchen Personen steht das Umgangsrecht zu?

Das Umgangsrecht steht nicht nur dem nicht sorgeberechtigten Elternteil, sondern auch einem sorgeberechtigten Elternteil zu. Auch Dritte, etwa ein neuer Partner, können in die Regelung einbezogen werden. Daneben sind weitere Personen umgangsberechtigt, nämlich die Großeltern, die Geschwister des Kindes sowie enge Bezugspersonen, die für das Kind tatsächliche Verantwortung tragen oder getragen haben. Es handelt sich bei letzteren vor allem um Personen, die mit dem Kind längere Zeit in häuslicher Gemeinschaft zusammengelebt haben. Betroffen sind vor allem frühere Ehegatten und Lebenspartner sowie frühere Lebensgefährten. Das Umgangsrecht dieser Personen setzt voraus, dass der Umgang dem Wohl des Kindes dient.

3. Welche umgangsrechtlichen Entscheidungen kann das Familiengericht treffen?

Das Familiengericht kann folgende umgangsrechtlichen Entscheidungen treffen:

a) Umgangskonkretisierende Entscheidungen (§ 1684 III 1 BGB; Umfang, Ausübung), z.B. über Zahl, Dauer, Zeitpunkt der Besuche und Telefonate;

b) Anordnungen zur Konkretisierung der Wohlverhaltenspflicht des § 1684 II BGB (§ 1684 III 2), z.B. Anordnung, das Kind frühzeitig zu Bett zu bringen, damit es nicht beim Besuch des Umgangsberechtigten übermüdet ist;

c) Einschränkung und Ausschluss des Umgangs (§ 1684 IV 1 BGB), z.b. Anordnung, dass der Umgang nur stattfinden darf, wenn ein mitwirkungsbereiter Dritter anwesend ist (sog. „beschützter Umgang", § 1684 IV 3, 4). Voraussetzung ist hier, dass die Einschränkung bzw. der Ausschluss zum Wohl des Kindes erforderlich ist;

d) Einschränkung bzw. Ausschluss für längere Zeit oder auf Dauer. Eine solche Anordnung kann nur ergehen, wenn andernfalls das Wohl des Kindes gefährdet wäre (§ 1684 IV 2 BGB).

4. Welche Sanktionsmöglichkeiten bestehen bei einer Umgangsvereitelung durch den betreuenden Elternteil?

Um der Umgangsvereitelung durch den betreuenden Elternteil entgegenzuwirken, kommen in Betracht:

• die Vermittlung nach § 52a FGG;

• die zwangsweise Durchsetzung der gerichtlichen Umgangsentscheidung, z.B. die Androhung und Festsetzung von Zwangsgeld (§ 33 FGG)[33];

• die Änderung (Erweiterung oder Verschärfung) der gerichtlichen Umgangsentscheidung (§ 1696 BGB);

• die Anordnung einer Ergänzungspflegschaft (§ 1909 BGB) mit dem Wirkungskreis der Regelung des Umgangs;

• die Entziehung des Sorgerechts zu Lasten des betreuenden Elternteils (§ 1666 BGB) hinsichtlich der Durchführung des Umgangs;

• der Sorgerechtswechsel zugunsten des umgangsberechtigten Elternteils (gegebenenfalls auf Zeit);

• Verurteilung zu Schadensersatz wegen nutzloser Aufwendungen des Umgangsberechtigten;

• Kürzung bzw. Ausschluss des Unterhaltsanspruchs, den der umgangsvereitelnde Elternteil gegen den Umgangsberechtigten besitzt (§ 1579 BGB) und die

• Beschränkung oder Wegfall des Kindesunterhalts (§ 1611 BGB).

---

[33] Bei einem *umgangsunwilligen* Elternteil ist die Zwangsmittelvorschrift des § 33 FGG aber verfassungskonform dahingehend auszulegen, dass eine zwangsweise Durchsetzung der Umgangspflicht zu unterbleiben hat. Anders liegt es, wenn es im Einzelfall hinreichende Anhaltspunkte gibt, die darauf schließen lassen, dass ein erzwungener Umgang dem Kindeswohl dienen wird, Urteil des BVerfG vom 1. April 2008 – 1 BvR 1620/04.

5. Können die Eltern vertragliche Umgangsvereinbarungen treffen?

Nach einhelliger Meinung können Eltern auf das Umgangsrecht als solches, d.h. das Stammrecht auf Umgang, **nicht** rechtswirksam **verzichten**. Strittig ist, ob dies auch für eine verbindliche Ausgestaltung des Umgangs durch Vereinbarung der Eltern gilt. Nach dem BGH unterliegt der Umgang des Kindes mit dem nicht betreuenden Elternteil insgesamt *nicht* der vertraglichen Disposition der Eltern. Der Umgang sei in § 1684 BGB als ein Pflichtteilsrecht konstruiert, dessen Umfang erforderlichenfalls durch das Familiengericht konkretisiert werde. Es sei zwar wünschenswert, dass sich die Eltern über die Ausübung des Umgangsrechts einigten. Das ändere aber nichts daran, dass eine solche Einigung „erst durch ihre familiengerichtliche Bestätigung eine das Umgangsrecht konkretisierende konstitutive Wirkung erfährt."[34]

V. Das Adoptionsrecht

1. Wo ist das Adoptionsrecht geregelt? Welcher Art ist das Rechtsverhältnis, das durch die Adoption begründet wird? Welche Rechtsfolgen sind mit einer Adoption verbunden?

Die **Adoption** oder **Annahme** als Kind sind gleichbedeutend. Im Vordergrund steht heute die Adoption Minderjähriger, die in den §§ 1741 ff. BGB geregelt ist.

Die Annahme als Kind begründet zwischen Annehmendem und Anzunehmendem ein künstliches Eltern-Kind-Verhältnis. Der Anzunehmende erhält die Rechtsstellung eines Kindes des Annehmenden (§§ 1754, 1767 II, 1770 BGB). Mit der Adoption erlöschen grundsätzlich die Verwandtschaftsbeziehungen zur bisherigen Familie (§ 1755 BGB). Regel ist bei Minderjährigen die Volladoption (§ 1754 BGB). Die Annahme erfolgt durch Ausspruch des Vormundschaftsgerichts (§ 1752 BGB, Dekretsystem). Eine Aufhebung des Annahmeverhältnisses ist nur unter engen Voraussetzungen möglich (§§ 1759 ff. BGB).

2. Unter welchen Voraussetzungen ist eine Adoption möglich?

Voraussetzung für eine Adoption ist:

a) Antrag des Annehmenden

Die Initiative für eine Adoption Minderjähriger geht von dem Annehmenden aus. Der Annehmende muss beim Vormundschaftsgericht einen Adoptionsantrag stellen; aufgrund dessen entscheidet das Gericht über die Adoption, § 1752 I. Der Antrag darf weder unter

---

[34] BGH FamRZ 2005, 1471 (1473).

einer Bedingung oder Zeitbestimmung noch durch einen Vertreter gestellt werden und bedarf der notariellen Beurkundung, § 1752 II BGB.

b) Person des Annehmenden

Eine gemeinsame Adoption ist nur durch verheiratete Personen sowie bei einer Stiefkindadoption auch durch in eingetragener Lebenspartnerschaft lebende Parteien möglich (§ 1741 II BGB, § 9 VII LPartG). Ein Nicht-Verheirateter kann ein Kind nur allein annehmen (§ 1741 II 1 BGB). Der Annehmende muss mindestens fünfundzwanzig Jahre alt sein, wobei es bei Ehepaaren und eingetragenen Lebenspartnern genügt, dass ein Teil das fünfundzwanzigste und der andere das einundzwanzigste Lebensjahr vollendet hat. Ein Alter von einundzwanzig genügt, wenn ein Ehegatte bzw. ein Lebenspartner das Kind des anderen adoptiert.

c) Verbot der Kettenadoption

Ist ein Kind einmal angenommen, so kann es, so lange das Adoptionsverhältnis besteht, grundsätzlich nicht nochmals adoptiert werden, § 1742 BGB. Damit soll der Gefahr begegnet werden, dass das Kind von Adoptiveltern zu Adoptiveltern weitergereicht wird, wenn sich das Eltern-Kind-Verhältnis nicht wie vorgesehen entwickelt, sog. **Verbot der Kettenadoption**. Einzige Ausnahme stellt die Annahme durch den Ehegatten des Annehmenden dar, § 1742 BGB.

d) Einwilligungen

Zur Annahme ist die **Einwilligung des Kindes** erforderlich, § 1746 I 1 BGB. Ist das Kind geschäftsunfähig oder noch nicht vierzehn Jahre alt, kann die Einwilligung nur von seinem gesetzlichen Vertreter erteilt werden. In allen übrigen Fällen kann das Kind die Einwilligung nur selbst erklären; es bedarf hierzu der Zustimmung seines gesetzlichen Vertreters, § 1746 I 3 BGB. Gehören der Annehmende und das Kind verschiedenen Staaten an und gilt nicht das deutsche Annahmestatut (Art. 22 EGBGB), ist zusätzlich zur Einwilligung eine vormundschaftsgerichtliche Genehmigung nötig.

Zur Adoption eines Kindes ist ferner die **Einwilligung der Eltern** erforderlich, § 1747 I BGB.

Die Einwilligung zur Adoption ist im Entscheidungsinteresse insbesondere der leiblichen Mutter an eine Sperrfrist gebunden; sie kann erst erteilt werden, wenn das Kind acht Wochen alt ist, § 1747 II 1 BGB. Damit soll den Eltern eine angemessene Zeit zum Überdenken dieser weitreichenden Entscheidung belassen werden.

e) Wohl des Kindes

Die Adoption muss dem **Wohl des Kindes** dienen (§ 1741 I BGB). Das ist der Fall, wenn durch die Annahme eine **merklich bessere Entwicklung des Kindes zu erwarten ist.** Um eine derartige Prognoseentscheidung treffen zu können, hat das Vormundschaftsgericht eine sorgfältige Interessenabwägung vorzunehmen und die bisherige Lebenssituation des Kindes mit den zukünftig zu erwartenden Bedingungen zu vergleichen.

3. In welcher Form entscheidet das Vormundschaftsgericht über die Adoption? Kann diese Entscheidung mit Rechtsmitteln angegriffen werden? Welche Möglichkeit besteht, wenn das Gericht den Adoptionsantrag ablehnt?

Das Vormundschaftsgericht spricht die Annahme durch Beschluss aus. Der Annahmebeschluss wird mit Zustellung an den Annehmenden wirksam. Er ist unanfechtbar und unabänderbar (§ 56e FGG).

Weist das Gericht den Adoptionsantrag ab, kann der Antragsteller dagegen **einfache Beschwerde** zum **Landgericht** einlegen, § 19 I, 20 II FGG. Der Rechtsweg endet mit der weiteren Beschwerde zum **OLG.**

4. Kann eine Minderjährigenadoption aufgehoben werden?

Eine Aufhebung der Adoption ist nur bei Erklärungsmängeln (§§ 1760 bis 1762 BGB) und aus schwerwiegenden Gründen im Interesse des Kindeswohls (§ 1763 BGB) möglich. Der Aufhebungsbeschluss wird mit Rechtskraft wirksam (§ 56 f. III FGG). Er hat grundsätzlich keine Rückwirkung (§ 1764 I 1 BGB). Das durch Adoption begründete Rechtsverhältnis erlischt. Im Gegenzug lebt das Verwandtschaftsverhältnis zu den leiblichen Verwandten wieder auf (§ 1764 II und III BGB).

5. Unter welchen Voraussetzungen ist eine Adoption Volljähriger zulässig?

Die Adoption Volljähriger setzt eine sittliche Rechtfertigung voraus (§ 1767 I BGB). Zur Namensfortführung und zum Schutz vor drohender Ausweisung ist sie nicht zulässig. Bei der Volljährigenadoption können auch vermögensrechtliche Interessen der Kinder des Annehmenden der Adoption entgegenstehen (§ 1769 BGB). Erforderlich sind ein Antrag des Annehmenden und zusätzlich des Anzunehmenden (§ 1768 BGB).

6. Welche Rechtswirkungen entfaltet die Volljährigenadoption?

Anders als bei der Minderjährigenadoption beschränken sich die Wirkungen der Volljährigenadoption grundsätzlich auf den Annehmenden und den Anzunehmenden sowie dessen vorhandene oder künftige Abkömmlinge. Der Volljährige wird Kind des Annehmenden, §§ 1767 II, 1754 BGB; die Kinder des Angenommenen erlangen die rechtliche Stellung von Enkeln des Annehmenden.

Im Gegensatz zur Volladoption des Minderjährigen erlöschen die Verwandtschaftsverhältnisse zu den bisherigen Verwandten des Anzunehmenden grundsätzlich nicht, § 1770 II BGB. Gegenüber leiblichen Eltern und Adoptiveltern besteht gleichermaßen eine Unterhaltspflicht; die Adoptiveltern sind jedoch dem Angenommenen und seinen Abkömmlingen gegenüber vorrangig unterhaltspflichtig, § 1770 III BGB. Im Falle des Todes des Angenommenen erben seine leiblichen Eltern und seine Adoptiveltern als Erben zweiter Ordnung (§ 1925 BGB) nebeneinander.

Grundsätzlich erfolgt keine Volladoption. Allerdings kann sie auf Antrag vom Gericht ausgesprochen werden (§ 1772 BGB). Praktische Fälle sind die Geschwisteradoption, die nachgeholte Minderjährigenadoption und die Stiefkindadoption.

7. Kann eine Volljährigenadoption aufgehoben werden?

Das Annahmeverhältnis ist auf Antrag des Annehmenden und des Angenommenen aufzuheben, wenn ein wichtiger Grund vorliegt (§ 1771 BGB). Ohne Vorliegen eines wichtigen Grundes (z.B. Täuschung) kann eine Aufhebung nicht erfolgen. Gleiches gilt bei einem einseitigen Aufhebungsantrag eines Teils.

Lektion 9: Betreuung, Vormundschaft, Pflegschaft

I. Die Betreuung (§§ 1896 ff. BGB)

1. Was ist unter Betreuung zu verstehen?

Die **Betreuung** ist seit 1.1.1992 an Stelle der früheren Vormundschaft über Volljährige und an die Stelle der Pflegschaft über Gebrechliche getreten. Gleichzeitig wurde das Rechtsinstitut der Entmündigung abgeschafft. Die Betreuung wird nur angeordnet, wenn ein Volljähriger auf Grund einer psychischen Krankheit oder einer körperlichen, geistigen oder seelischen Behinderung seine Angelegenheiten ganz oder teilweise nicht besorgen kann (§ 1896 I BGB). Nicht erforderlich ist die Geschäftsunfähigkeit oder ein Zustand geistig-seelischer Behinderung, der den Grad der früheren Geistesschwäche erreicht.

2. Was wird im Einzelnen von der Betreuung umfasst?

Die Betreuung kann als Totalbetreuung angeordnet werden. Sie kann auch auf bestimmte Bereiche der Personen- und Vermögenssorge beschränkt werden. Die Personensorge betrifft die Gesundheitsfürsorge, die Aufenthaltsbestimmung, die Beaufsichtigung, den Umgang, die Entscheidungen im Fernmeldeverkehr, die Entgegennahme, das Öffnen und Anhalten der Post des Betreuten (§ 1896 IV BGB) sowie die Beendigung lebenserhaltender Maßnahmen. Einzelne Vermögensangelegenheiten sind die Geltendmachung von Rechten des Betreuten gegenüber seinem Bevollmächtigten (Vollmachtsüberwachungsbetreuung), Wohnungsangelegenheiten, die Schuldenregulierung, die Betreibung des Erbscheinsverfahrens und Sozialhilfeanträge.

3. Ist die Betreuung zeitlich unbegrenzt?

Nein. Die **Dauer** der Betreuung ist auf höchstens **sieben Jahre** begrenzt (§ 69 I Nr. 5 FGG); sie kann jedoch auf Antrag verlängert werden.

4. Welche Rechtsstellung hat der Betreuer? Wer kann zum Betreuer bestellt werden?

Der Betreuer ist innerhalb des übertragenen Aufgabenkreises gesetzlicher Vertreter des Betreuten, § 1902 BGB. Beschränkungen seiner Vertretungsmacht ergeben sich aus den Verweisungen des § 1908i BGB auf das Vormundschaftsrecht.

Die Betreuerauswahl steht im pflichtgemäßen Ermessen des Vormundschaftsgerichts. Ein Berufsbetreuer ist nur zu bestellen, wenn kein geeigneter ehrenamtlicher Betreuer zur Verfügung steht (§ 1897 VI 1

BGB). Die Betreuung durch einen Verein oder eine Behörde ist subsidiär gegenüber allen Formen der Einzelbetreuung. Bei der Bestellung des Betreuers ist auf die verwandtschaftlichen und persönlichen Bindungen des Betroffenen Rücksicht zu nehmen. Der Vorrang ist jedoch kein absoluter. Nicht zum Betreuer bestellt werden darf eine Person, die zu einer Anstalt, zu einem Heim oder sonstigen Einrichtung, in welcher der Volljährige untergebracht ist oder wohnt, in einem Abhängigkeitsverhältnis oder in einer anderen engen Beziehung steht (§ 1897 III BGB).

5. Wie wird die Betreuung begründet?

Die Betreuung wird auf Antrag des Betroffenen gestellt. Dritte (Kinder, Krankenhauspersonal etc.) sind nicht antragsberechtigt; sie können lediglich ein Amtsverfahren anregen. Gegen den Willen eines volljährigen Betroffenen kann ein Betreuer nur bestellt werden, wenn der Betroffene eine die Betreuung ablehnende Willenseräußerung nicht mehr frei bilden kann (§ 1896 Ia BGB).

II. Die Vormundschaft (§§ 1773 – 1895 BGB)

1. Was bezeichnet die Vormundschaft?

Vormundschaft ist die gerichtlich beaufsichtigte Fürsorge und Vertretung schutzbedürftiger Minderjähriger.

2. Für welche Minderjährigen kann ein Vormund bestellt werden?

Einen **Vormund** erhält gemäß § 1773 BGB nur,

- der Minderjährige, der nicht unter elterlicher Sorge steht, bei dem also keiner der beiden Elternteile die ganze oder auch nur einen Teil der elterlichen Sorge besitzt (etwa weil beide tot sind oder beiden die elterliche Sorge nach § 1666 BGB entzogen wurde);

- der Minderjährige, bei dem die Eltern oder ein Elternteil mindestens einen Teil der Sorge besitzt, bei dem die Eltern ihn aber weder in persönlichen noch in Vermögensangelegenheiten vertreten können (etwa weil die Mutter noch minderjährig ist, sie deshalb nach § 1673 II 2 HS. 2 BGB nicht zur Vertretung des Kindes berechtigt ist und der Vater tot ist oder unter § 1626a II BGB fällt, oder weil bei beiden Elternteilen die elterliche Sorge nach § 1675 BGB ruht) und

- der Minderjährige, dessen Familienstand nicht zu ermitteln ist (etwa ein Findelkind).

3. Wie wird die Vormundschaft begründet?

Der Vormund wird unter den Voraussetzungen des § 1773 BGB durch das Vormundschaftsgericht bestellt, § 1789 BGB. Der bestellte Vormund erhält eine Bestallungsurkunde, § 1791 BGB. Diese hat jedoch keine materiellrechtliche Wirkung, schafft also keinen Rechtsschein i.s.d. §§ 172, 174 BGB.

4. Welche Rechtsstellung hat der Vormund?

Der Vormund hat die gleichen Rechte, die den Eltern aufgrund der elterlichen Sorge zustehen, § 1793 BGB. Ihm steht also die Personensorge, §§ 1800, 1631 – 1633 BGB, und die Vermögenssorge, §§ 1802 – 1831 BGB, sowie die Vertretungsmacht in beiden Bereichen zu.

III. Die Pflegschaft (§§ 1909 ff. BGB)

1. Was ist unter einer Pflegschaft zu verstehen?

Der Begriff der **Pflegschaft** bezeichnet eine **vormundschaftsähnliche Fürsorge für Personen oder für ein Vermögen** (z.B. für einen Nachlass, § 1961 BGB, oder ein Sammelvermögen, § 1914 BGB). Sie kommt zur Anwendung, sofern der eigentliche Rechtsträger an der Besorgung seiner Angelegenheiten verhindert ist. Im Gegensatz zur Vormundschaft ist die Pflegschaft auf bestimmte, festgelegte Angelegenheiten bzw. auf einen Kreis von Angelegenheiten beschränkt.

2. Wie wird die Pflegschaft begründet?

Im Regelfall wird die Pflegschaft durch das Vormundschaftsgericht angeordnet, sog. bestellte Pflegschaft (§§ 1915, 1774 ff. BGB). Dabei legt das Vormundschaftsgericht den Aufgabenkreis des Pflegers entsprechend dem hervorgetretenen Fürsorgebedürfnis fest. Das Gericht ist jedoch bei der Anordnung der Pflegschaft auf die ausdrücklich im Gesetz geregelten Fälle beschränkt; darüber hinaus kann es eine Pflegschaft selbst dann nicht anordnen, wenn seiner Ansicht nach ein Schutzbedürfnis dafür vorliegt.

3. Sind bei der Pflegschaft die für das Vormundschaftsrecht geltenden Vorschriften zu berücksichtigen?

Ja. Von Einzelfragen abgesehen finden auf die Pflegschaft die für die Vormundschaft geltenden Vorschriften Anwendung (§ 1915 I BGB).

4. Wie wird die Person des Pflegers bestimmt? Wie ist seine Rechtsstellung?

Entsprechend der Vormundschaft wird der Pfleger seitens des Gerichts ausgewählt und bestellt sowie bei seiner Amtsführung unterstützt und überwacht (§§ 1837 ff., 1915 I BGB). Der Pfleger führt die Pflegschaft eigenverantwortlich und hat hinsichtlich der Vermögensverwaltung und des Abschlusses von Rechtsgeschäften dieselben Beschränkungen zu beachten wie der Vormund.

Im Gegensatz zur umfassenden Vertretungsmacht des Vormunds ist der Pfleger zur Vertretung des Pfleglings nur innerhalb des ihm vom Vormundschaftsgericht zugewiesenen Aufgabenkreises berechtigt.

5. Welche Arten der Pflegschaft sind zu unterscheiden?

Es gibt *Sachpflegschaften* und *Personalpflegschaften*. Einziger Fall einer Sachpflegschaft ist die Pflegschaft für ein Sammelvermögen (§ 1914 BGB). Personalpflegschaften kennt das BGB mehrere: die Ergänzungspflegschaft (§ 1909 I BGB), die Ersatzpflegschaft (§ 1909 III BGB), die Abwesenheitspflegschaft (§ 1911 BGB), die Pflegschaft für die Leibesfrucht (§ 1912 BGB), die Pflegschaft für unbekannte Beteiligte (§ 1913 BGB), die Nachlasspflegschaft (§ 1960 BGB – dem Erbrecht zugehörig).

6. Wie endet die Pflegschaft?

Die Pflegschaft endet entweder kraft Gesetzes (§§ 1918, 1921 III BGB) oder durch vom Vormundschaftsgericht vorgenommene Aufhebung (§§ 1919, 1921 BGB).

Lektion 10: Das Unterhaltsrecht

Da sich das Unterhaltsrecht durch die am **01.01.2008** in Kraft getretene **Reform** in umfassendem Maße geändert hat, wird diesem Teil des Familienrechts – wie bereits im Vorwort erwähnt – eine eigene Lektion in diesem Skript gewidmet. Bevor nach einer Darstellung der gesetzlichen Unterhaltspflichten auf die unterschiedlichen Arten von Unterhaltsansprüchen eingegangen wird, werden vorab *die Ziele* der Unterhaltsreform erläutert und ihre *wesentlichen Änderungen* zunächst im Überblick dargestellt. Anschließend werden die *einzelnen Unterhaltsansprüche* dargestellt, wobei auch hier die Änderungen der Unterhaltsreform entsprechend berücksichtigt werden.

I. Die Reform des Unterhaltsrechts[35]

1. Warum überhaupt eine Reform des Unterhaltsrechts?

Das neue Unterhaltsrecht ist eine Reaktion des Gesetzgebers auf die *gesellschaftlichen Veränderungen* sowie auf die Forderungen nach mehr *Normenklarheit im Bereich des Kindesunterhalts* und dient der Umsetzung bestimmter *Reformziele*.

Stetig steigende **Scheidungszahlen** kennzeichnen heute das gesellschaftliche Bild; Ehen von kurzer Dauer kommen immer häufiger vor. Nach einer gescheiterten Ehe gründen die Partner oft eine Zweitfamilie mit Kindern, was nach dem Scheitern der ersten Ehe in finanzieller Hinsicht in den meisten Fällen für beide Seiten sehr belastend ist.

Hinzu kommt, dass heute immer mehr Frauen trotz Kinderbetreuung früher wieder **berufstätig** werden.

Die Anzahl der minderjährigen Kinder, die in nichtehelichen Lebensgemeinschaften oder bei allein erziehenden Müttern oder Vätern lebt („Einelternfamilien"), nimmt zu.

Diese gesellschaftlichen Veränderungen lassen die Zahl der Mangelfälle steigen, d.h. der Unterhaltspflichtige ist immer häufiger außer Stande, allen Berechtigten Unterhalt zu gewähren. Dies hat komplizierte Mangelfallberechnungen sowie die Zunahme von minderjährigen Sozialhilfeempfängern zur Folge.

---

[35] Aktuelle Aufsätze zur Unterhaltsreform: *Klinkhammer*, FamRZ 2008, S. 193 ff.; *Vossenkämper*, FamRZ 2008, S. 201 ff.; *Schürmann*, FamRZ 2008, S. 313 ff.

2. Mit welchen Reformzielen hat die Unterhaltsreform auf die gesellschaftlichen Veränderungen reagiert?

Um den geänderten gesellschaftlichen Verhältnissen und den daraus resultierenden Problemen Rechnung zu tragen, verfolgt das neue Unterhaltsrecht im Wesentlichen **drei Reformziele:**

a) Förderung des Kindeswohls

Das erste Ziel ist die Förderung des Kindeswohls. Der Verwirklichung dieses Ziels dient die Änderung der unterhaltsrechtlichen Rangfolge (§ 1609 BGB), die Besserstellung der nicht verheirateten, kinderbetreuenden Elternteile (§ 1615 L BGB) sowie die Regelung des gesetzlichen Mindestunterhalts (§ 1612a BGB).

b) Stärkung der nachehelichen Eigenverantwortung

Das zweite gesetzgeberische Ziel besteht in der Stärkung der nachehelichen Eigenverantwortung, wie es nun ausdrücklich im Gesetz (§ 1569 BGB) betont wird. Zugleich wird die Verpflichtung zur Wiederaufnahme einer Erwerbstätigkeit nach der Scheidung verschärft (§§ 1569, 1570, 1574 BGB). Zudem werden die von der Rechtsprechung bislang nur sehr zurückhaltend genutzten Möglichkeiten zur Beschränkung des nachehelichen Unterhalts durch Einführung einer für alle Unterhaltsansprüche geltenden Norm zur Herabsetzung und Begrenzung geregelt (§ 1578b BGB). Die in der Praxis häufig vorkommende Fallgruppe der Beschränkung oder Versagung von Unterhalt wegen neuer, verfestigter Lebensgemeinschaft ist nun ausdrücklich geregelt (§ 1579 Nr. 2 BGB).

c) Vereinfachung des Unterhaltsrechts

Das dritte wesentliche Ziel ist die Vereinfachung des Unterhaltsrechts. Es gibt nun unter anderem einen gesetzlich definierten, bundeseinheitlichen Mindestunterhalt (§ 1612a BGB) und eine verständliche Regelung zur „Kindergeldverrechnung" (§ 1612b BGB). Zudem ist die unterhaltsrechtliche Rangfolge nun zentral und übersichtlich in nur noch einer Norm geregelt (§ 1609 BGB).

3. Wie ist nach neuem Recht die Rangfolge geregelt, wenn mehrere Unterhaltsberechtigte vorhanden sind?

Immer dann, wenn das Einkommen des Unterhaltspflichtigen nicht ausreicht, um sämtliche Forderungen der Unterhaltsberechtigten, etwa der geschiedenen Ehefrau, den Kindern aus erster Ehe und dem weiteren Kind mit der neuen Lebensgefährtin abzudecken, ist das Rangverhältnis untereinander von Relevanz.

Der Rang der Unterhaltsberechtigten ist zentral im neuen § 1609 BGB wie folgt geregelt:

- Der Unterhaltsanspruch minderjähriger unverheirateter Kinder und privilegierter volljähriger Kinder (§ 1603 II 2 BGB) genießt nun den absoluten Vorrang vor allen anderen Unterhaltsansprüchen. Diesen Kindern gebührt gem. § 1609 Nr. 1 BGB der **erste Rang**.

- An **zweiter Rangstelle** stehen im Interesse des Kindeswohls gem. § 1609 Nr. 2 BGB die Unterhaltsansprüche aller Elternteile wegen Betreuung eines (Adoptiv-)Kindes, insbesondere auch die Unterhaltsansprüche der Elternteile, die nichteheliche Kinder betreuen. Mit dem Unterhaltsanspruch betreuender Elternteile konkurrieren lediglich Unterhaltsansprüche von Ehegatten aus langjähriger Ehe bzw. aus langjähriger eingetragener Lebenspartnerschaft. Damit wurden die Differenzierung nach dem Personenstand der Elternteile und die Privilegierung des ersten Ehegatten aufgehoben.

- Im **dritten Rang** stehen gem. § 1609 Nr. 3 BGB die Unterhaltsansprüche von Ehegatten bzw. Lebenspartnern, die von der zweiten Rangklasse nicht erfasst werden, also keine Kinder zu betreuen haben bzw. nicht lange verheiratet waren.

II. Die Unterhaltspflichten

1. Welche gesetzlichen Unterhaltspflichten gibt es?

Überblick über die gesetzlichen Unterhaltspflichten:

- zwischen Verwandten gerader Linie, §§ 1601 – 1615o BGB;

- zwischen Ehegatten:

  ⇨ bei Zusammenleben: §§ 1360, 1360a BGB
  ⇨ bei Getrenntleben: § 1361 BGB
  ⇨ nach Scheidung der Ehe: §§ 1569 ff. BGB

- zwischen dem Vater und der Mutter eines nichtehelichen Kindes: §§ 1615L-1615o BGB.

2. Was ist unter Verwandtenunterhalt zu verstehen?

Zwischen Verwandten in gerader Linie, § 1589 S. 1 BGB, besteht eine Unterhaltspflicht, § 1601 BGB. Kraft dieser Unterhaltspflicht hat der Berechtigte gegen den Verpflichteten einen Unterhaltsanspruch, wenn weitere Voraussetzungen hinzutreten.

3. Wie ist der Unterhaltsanspruch aus § 1601 BGB zu prüfen?

Bei der Prüfung des Unterhaltsanspruchs aus § 1601 BGB ist folgendermaßen vorzugehen:

a) Bedürftigkeit, § 1602 BGB;

b) Unterhaltsverpflichteter, §§ 1606, 1608 BGB;

c) Umfang und Inhalt des Unterhaltsanspruchs, §§ 1610, 1612, 1612a BGB;

d) Leistungsfähigkeit des Unterhaltsverpflichteten, § 1603 BGB;

e) Ersatzhaftung bei fehlender Leistungsfähigkeit, § 1607 BGB;

f) Kindergeldverrechnung, § 1612b BGB n. F. und

g) Kein Ausschluss, § 1611 BGB.

4. Wann ist ein Unterhaltsberechtigter bedürftig im unterhaltsrechtlichen Sinne?

Bedürftig und daher unterhaltsberechtigt ist, wessen Unterhaltsbedarf seine Leistungsfähigkeit übersteigt. Die Bedürftigkeit ist somit aus einem Vergleich zwischen dem Bedarf des Berechtigten und seiner eigenen Leistungsfähigkeit zu ermitteln. Umstände, die einen Bedarf begründen, wirken unterhaltserhöhend, Umstände, welche die Leistungsfähigkeit erhöhen, wirken unterhaltsmindernd.

5. Worauf beruht die Leistungsfähigkeit des Unterhaltsberechtigten?

Die Leistungsfähigkeit beruht auf der Erwerbsfähigkeit und dem Vermögen.

Wenn eine objektive Erwerbsmöglichkeit vorliegt, dann ist der Anspruchssteller auch dann leistungsfähig, wenn er sie nicht wahrnimmt; es werden ihm insoweit *fiktive Einkünfte* angerechnet. Er muss beweisen, dass er sich erfolglos um Arbeit bemüht hat.

6. Wie sind Umfang und Inhalt des Unterhaltsanspruchs zu bestimmen?

Umfang und Inhalt des Unterhaltsanspruchs richten sich nach §§ 1610, 1612, 1612a BGB.

Nach § 1610 I BGB bestimmt sich das Maß des zu gewährenden Unterhalts nach der Lebensstellung des Bedürftigen (sog. angemessener Unterhalt). Die Praxis richtet sich dabei i. d. R. nach den Unterhaltstabellen, z.b. die Düsseldorfer Tabelle (s. hierzu unten unter III. Frage 4). Der Anspruch geht auf Zahlung einer monatlich im Voraus zu entrichtenden Geldrente, § 1612 I 1, III 1 BGB, ggf. zuzüglich Mehr- und Sonderbedarf, § 1610 II BGB. Allerdings haben die Eltern unter den Voraussetzungen des § 1612 I 2 BGB die Möglichkeit, Natural- anstelle von Barunterhalt zu leisten. § 1612a BGB n. F. legt nunmehr den gesetzlichen Mindestunterhalt für ein minderjähriges Kind fest (s.u.).

7. Wann ist ein Unterhaltsverpflichteter leistungsfähig?

Leistungsfähig und daher unterhaltspflichtig ist grundsätzlich, wessen Leistungsfähigkeit seinen eigenen Unterhaltsbedarf (Selbstbehalt; Eigenbedarf) übersteigt. Auch hier sind gegebenenfalls fiktive Einkünfte anzurechnen, wenn der Verpflichtete seiner Erwerbsobliegenheit nicht nachkommt. Hat der Verpflichtete Vermögen, ist dieses grundsätzlich zu verwerten. Gegenüber minderjährigen, unverheirateten Kindern gelten hier noch weiter verschärfte Anforderungen an die Leistungsfähigkeit, § 1603 II BGB (sog. gesteigerte Unterhaltspflicht).

III. Unterhaltsansprüche minderjähriger und volljähriger Kinder gegenüber ihren Eltern

1. Welche Arten des Anspruchs auf Kindesunterhalt sind zu unterscheiden?

Wie in einer intakten Familie teilen die Eltern die notwendige Versorgung des Kindes auch nach der Trennung auf, dann jedoch in verschiedenen Haushalten. Dabei ist zwischen dem **Betreuungsunterhalt** und dem **Barunterhalt** zu unterscheiden. Der Betreuungsunterhalt bezeichnet die tatsächliche Versorgung des unterhaltsberechtigten Kindes mit Nahrung, Kleidung, Wohnung, Unterricht und Pflege im Krankheitsfall; der Barunterhalt bezeichnet die zum Unterhalt notwendigen Geldmittel. Nach der Regelung des § 1612 BGB ist der Barunterhalt regelmäßig durch Geldzahlungen zu erfüllen, und zwar monatlich im Voraus.

92

2. Wie bemisst sich der Kindesunterhalt?

Zur Höhe des Kindesunterhalts findet sich in § 1610 BGB die gesetzliche Vorgabe, dass *„angemessener Unterhalt"* zu zahlen ist. Der angemessene Barunterhalt umfasst nach § 1610 II BGB den gesamten Lebensbedarf des Kindes, einschließlich der Kosten einer angemessenen Vorbildung zu einem Beruf, bei einer der Erziehung bedürftigen Person auch die Kosten der Erziehung.

Die Angemessenheit ist nicht allgemeingültig feststellbar, sondern bestimmt sich nach der Lebensstellung des Kindes. Da das Kind im Allgemeinen bis zur Volljährigkeit keine eigene Lebensstellung begründet hat, leitet es diese von seinen Eltern ab. Entscheidend sind die wirtschaftlichen und persönlichen Verhältnisse insbesondere des barunterhaltspflichtigen Elternteils für die Bestimmung der Unterhaltshöhe.

3. Was ist unter dem sog. Mindestunterhalt zu verstehen?

Der neue § 1612a BGB enthält eine bundeseinheitliche gesetzliche Definition des **Mindestunterhalts** minderjähriger Kinder.

Der Mindestunterhalt ist derjenige Barunterhaltsbetrag, auf den das minderjährige Kind grundsätzlich Anspruch hat und den der Unterhaltspflichtige grundsätzlich zu leisten verpflichtet ist. Der Mindestunterhalt wird in Anlehnung an den steuerlichen Freibetrag für das so genannte sächliche Existenzminimum (Kinderfreibetrag) gesetzlich definiert und das Unterhaltsrecht insofern an das Steuer- und Sozialrecht angepasst. Die bisher einschlägige Bezugsgröße, **die Regelbetrag-Verordnung,** entfällt.

Die Höhe des Mindestunterhalts ist wegen der einheitlichen Anknüpfung im gesamten Bundesgebiet gleich. Für minderjährige Kinder, die in den neuen Bundesländern oder den östlichen Bezirken von Berlin leben, sind deshalb keine Sonderregelungen mehr zu beachten.

4. Welche Rolle spielen bei der Berechnung des Kindesunterhalts Unterhaltstabellen und Leitlinien?

Um den angemessenen Unterhalt eines noch bei einem Elternteil lebenden Kindes zu bestimmen, werden in der Praxis Unterhaltstabellen und Leitlinien, vor allem die **Düsseldorfer Tabelle**, herangezogen. Diese Unterhaltstabellen dienen der Konkretisierung der Unterhaltsverpflichtung und Vereinheitlichung der Rechtsprechung. Die Düsseldorfer Tabelle hat keine Gesetzeskraft, sondern bietet dem Gericht eine praktische Richtlinie und Orientierungshilfe. Sie wird alle zwei Jahre aktualisiert.[36]

---

[36] Die aktuelle Düsseldorfer Tabelle ist – außer der Reihe – mit der Unterhaltsreform zum 01.01.2008 in Kraft getreten. Die Einkommensgruppen der aktuellen Düsseldorfer Tabelle wurden der neuen Rechtslage angepasst. Der Tabellenbetrag der Einkommensgruppe 1 entspricht dem Mindestunterhalt des § 1612a BGB i.V.m. § 36 EGZPO.

5. Wem wird das Kindergeld unterhaltsrechtlich zugewiesen?

Die neue Regelung zur Behandlung des Kindergelds in § 1612b BGB weist das Kindergeld unterhaltsrechtlich dem Kind zu. Es wird jetzt als Einkommen des Kindes behandelt.

Das Kindergeld wird dementsprechend, je nach Fallgestaltung, zur Hälfte oder in voller Höhe unmittelbar auf den Bedarf angerechnet und stellt dadurch den Mindestunterhalt teilweise sicher.

6. Besteht auch gegenüber volljährigen Kindern eine Unterhaltsverpflichtung?

Die gegenüber Minderjährigen bestehende gesteigerte Unterhaltspflicht ist heute auch **gegenüber volljährigen unverheirateten Kindern bis zur Vollendung des 21.** Lebensjahres gegeben, solange sie **im Haushalt der Eltern oder eines Elternteils leben und sich in der allgemeinen Schulausbildung** befinden (sog. privilegierte volljährige Kinder), § 1603 II S. 2 BGB. Ungeachtet der rechtlichen Beendigung der elterlichen Sorge mit dem Erwerb der Volljährigkeit musste der Gesetzgeber die faktische Lebensstellung solcher Kinder als vergleichbar mit der minderjähriger Kinder ansetzen.

7. Wonach bemisst sich der Volljährigenunterhalt?

Der Mindestunterhalt ist nach dem Wortlaut des § 1612a BGB n. F. nur für minderjährige Kinder festgelegt. Privilegierte volljährige Kinder im Sinne des § 1603 II S. 2 BGB sind nicht erwähnt. Bisher wurde der Bedarf der privilegierten Volljährigen von den Oberlandesgerichten überwiegend nach einer eigens geschaffenen 4. Altersgruppe in Abhängigkeit von der Höhe der zusammengerechneten Einkommen beider Elternteile bemessen. Daran wurde in der Düsseldorfer Tabelle, Stand 01.01.2008, festgehalten.

IV. Unterhaltsansprüche des getrennt lebenden Ehegatten, § 1361 BGB

1. Welche Unterhaltspflichten bestehen nach einer Trennung zwischen den Ehegatten?

Trennen sich die Eheleute, löst der Trennungsunterhaltsanspruch den Anspruch auf Familienunterhalt ab. Die umfangreiche gesetzliche Regelung des Unterhalts bei Getrenntleben ist in § 1361 BGB aufgeführt.

An die Stelle der gegenseitigen Verpflichtung, zum Familienunterhalt beizutragen, tritt ein einseitiger Zahlungsanspruch des bedürftigen Ehegatten gegen den leistungsfähigen Ehegatten, sofern die Ehegatten nichts anderes vereinbart haben.

2. Wie lange wird Trennungsunterhalt geschuldet?

Nach der Trennung der Eheleute sollen die Lebensverhältnisse nicht radikal verändert werden, damit die Chance erhöht wird, dass die Ehe erhalten werden kann und die Trennung der Eheleute nicht noch vertieft wird. Daher ist der bisher nicht erwerbstätige Ehegatte während des ersten Jahres der Trennungszeit im Grundsatz nicht verpflichtet, eine Erwerbstätigkeit aufzunehmen. Gleichwohl führt die Trennung dazu, dass die Eigenverantwortung der Ehegatten steigt. Sie sind daher im Rahmen ihrer Möglichkeiten verpflichtet, ihren Unterhaltsbedarf selbst zu decken.

Der Trennungsunterhalt endet mit dem Tag der Rechtskraft der Ehescheidung. Da zwischen dem Trennungsunterhalt und dem nachehelichen Unterhalt nach der Rechtsprechung des BGH *Wesensverschiedenheit* besteht, ist der Anspruch auf Nachscheidungsunterhalt gesondert geltend zu machen.

3. Kann auf Trennungsunterhalt verzichtet werden?

Ein Verzicht auf Trennungsunterhalt ist (für die Zukunft) ausgeschlossen, § 1360a III, § 1361 IV S. 4, § 1614 BGB. Zulässig ist hingegen ein formloser Verzicht für die Vergangenheit, wie auch Vereinbarungen über die Höhe des Unterhalts. Wird allerdings in der Vereinbarung der rechnerisch gegebene Unterhaltsanspruch deutlich unterschritten, kann darin ein Teilverzicht gesehen werden, der unzulässig und damit unwirksam ist. Die bloße Nichtgeltendmachung des Unterhaltsanspruchs führt nicht zum Verzicht.

4. Welche Voraussetzungen hat ein Anspruch auf Trennungsunterhalt?

Die Voraussetzungen für einen Anspruch auf Trennungsunterhalt sind:

- Bestehen einer wirksamen Ehe;

- Getrenntleben der Ehegatten;

- Bedürftigkeit des unterhaltsberechtigten Ehegatten;

- Leistungsfähigkeit des unterhaltspflichtigen Ehegatten und

- Kein Ausschluss des Unterhaltsanspruchs nach § 1361 III BGB n. F. i.V.m. § 1579 Nr. 2-8 BGB n. F.

5. Wonach richtet sich beim Trennungsunterhalt der Bedarf des Unterhaltsberechtigten?

Für die Feststellung des Unterhaltsbedarfs kommt es auf die Lebensverhältnisse der Ehegatten an, die während des Zusammenlebens bestanden. Ist nur ein Ehegatte erwerbstätig, wird nur dessen Einkommen berücksichtigt. Man unterscheidet zwischen **prägenden** und **nicht prägenden** Einkünften.

Eheprägende Einkünfte sind:

* Erwerbseinkünfte, auch wenn sich eine Änderung vor der Trennung ergeben hat;
* Wohnvorteile des Wohnens im eigenen Haus (abzüglich der damit verbundenen Kosten);
* Beihilfeanspruch in einer Beamten-Ehe.

Nichtprägende Einkünfte sind:

* Kindergeld;
* Einkünfte aus unzumutbarer Tätigkeit, es sei denn, dass diese bereits längerfristig ausgeübt wurde oder eine Berücksichtigung der Billigkeit entspricht;
* Einkünfte, die lediglich der allgemeinen Vermögensbildung dienten.

6. Wie wird der Anspruch auf Trennungsunterhalt berechnet?

Ausgangspunkt für die Aufteilung unter den Ehegatten ist der *Halbteilungsgrundsatz*, weil beide Ehegatten am ehelichen Lebensstandard in gleicher Weise teilnehmen, so dass bei Aufteilung der verfügbaren Einkünfte jedem die Hälfte zusteht. Diese Halbteilung gilt ohne Einschränkungen bei Renteneinkünften und in allen anderen Fällen, in denen die Einkünfte nicht unmittelbar aus Erwerbstätigkeit stammen. Diese Beträge sind ½ zu ½ zwischen den Ehegatten aufzuteilen.

Anders sieht es bei Erwerbseinkünften aus. Hier hat die Rechtsprechung einen sog. *Erwerbstätigenbonus* entwickelt. Es besteht Einigkeit, dass ein solcher Bonus hauptsächlich als Arbeitsanreiz zu gewähren ist. Uneinheitlich ist dagegen die Höhe der Erwerbstätigenquote in den unterschiedlichen unterhaltsrechtlichen Leitlinien und Tabellen der Oberlandesgerichte. Überwiegend wird ein Bonus von 1/7 des Nettoeinkommens gewährt.

96

Bedürftig und damit unterhaltsberechtigt ist ein Ehegatte nur dann, wenn er seinen Unterhaltsbedarf nicht durch eigenes Einkommen oder Einkünfte aus seinem Vermögen selbst decken kann. Diese Voraussetzungen hat der Ehegatte, der Unterhalt geltend macht, ggf. darzulegen und zu beweisen.

Das Bestehen einer Erwerbsobliegenheit des Unterhaltsberechtigten ist nach den in § 1361 II BGB genannten Maßstäben zu beurteilen. Hier wird der Grundsatz der *zunehmenden Eigenverantwortlichkeit* deutlich, der für den nachehelichen Unterhalt nunmehr ausdrücklich in § 1569 BGB stärker betont wird (vgl. hierzu im Einzelnen unten unter V.).

7. Wann kommt die Herabsetzung oder der Ausschluss des Trennungsunterhalts in Betracht?

Unter bestimmten Voraussetzungen kommt nach § 1361 III BGB n. F. i.V.m. § 1579 Nr. 2 bis 8 BGB eine Beschränkung oder Versagung des Unterhalts wegen grober Unbilligkeit in Betracht. Die neue Formulierung des § 1361 III BGB bezweckt lediglich die Anpassung an die amtliche Überschrift des neuen § 1579 BGB und stellt daneben eine Folgeänderung dar, die durch die Einfügung einer neuen Nummer (8) in § 1579 BGB bedingt ist. Auf die Voraussetzungen, die für eine Beschränkung oder Versagung des Unterhaltsanspruchs vorliegen müssen, wird im Einzelnen im Rahmen des nachehelichen Unterhalts eingegangen, so dass an dieser Stelle auf die dortigen Ausführungen verwiesen wird.

V. Der nacheheliche Unterhalt, §§ 1569 – 1586b BGB

1. Welche Voraussetzungen hat der Anspruch auf nachehelichen Unterhalt?

Der Unterhaltsanspruch des geschiedenen Ehegatten hat folgende Voraussetzungen:

- Bedürftigkeit des Berechtigten, § 1577 I BGB;
- Umfang des Anspruchs, § 1578 BGB;
- Leistungsfähigkeit, § 1581 BGB;
- Kein Ausschluss, §§ 1579, 1585c BGB;
- Sonstiges: Fälligkeit;
- Ende des Anspruchs: §§ 1586 ff. BGB;
- Rangfragen, §§ 1582, 1609 II § 1584 BGB;
- Verzug, § 1585b BGB;
- Verjährung, §§ 197 II, 195, 199 BGB;
- Auskunftsanspruch, §§ 1580, 1605 BGB.

2. Was ist unter dem Grundsatz der Eigenverantwortung zu verstehen?

Der im bisherigen Recht bereits vorhanden gewesene, aber in der Praxis wenig wahrgenommene Grundsatz der Eigenverantwortung geschiedener Ehegatten wird in § 1569 BGB n. F. wesentlich stärker betont. Der Grundsatz ist nunmehr im Sinne einer Obliegenheit formuliert und stellt klar, dass die Erwartung, der andere Ehegatte habe prinzipiell für die Aufrechterhaltung des gemeinsam erreichten Lebensstandards zu sorgen, nicht gerechtfertigt ist. Die Vorschrift regelt einen Auslegungsgrundsatz, der durch seine deutlichere Betonung in weit stärkerem Maße als bisher bei der Anwendung der einzelnen Unterhaltstatbestände herangezogen werden kann.

3. Welche Unterhaltstatbestände sieht das Gesetz für die Begründung von nachehelichem Unterhalt vor?

a) Unterhalt wegen Betreuung eines gemeinsamen Kindes, § 1570 BGB;
b) Unterhalt wegen Alters, Krankheit oder Gebrechen, §§ 1571, 1572 BGB;
c) Unterhalt wegen fehlender Erwerbsmöglichkeit und Aufstockungsunterhalt, § 1573 BGB;
d) Unterhalt wegen Ausbildung, Fortbildung, Umschulung, § 1575 BGB und
e) Unterhalt aus Billigkeitsgründen, § 1576 BGB.

4. Wann besteht ein Unterhaltsanspruch wegen Betreuung eines gemeinsamen Kindes, § 1570 BGB?

§ 1570 I S. 1 BGB n. F. regelt einen **"Basisunterhalt"** der während einer Dauer von **drei Jahren** nach der Geburt des Kindes besteht. Während dieses Zeitraums sind Fragen der Erwerbsobliegenheit, auch unter der Möglichkeit der Fremdbetreuung, rechtlich unerheblich (nach der bisherigen Rechtslage wurde die Frage der Erwerbsobliegenheit anhand des „Altersphasenmodells" der Rechtsprechung des BGH beantwortet). Dem betreuenden Elternteil steht während dieser drei Jahre die freie Entscheidung zu, das Kind selbst zu betreuen.

Nach Ablauf der Dreijahresfrist verlängert sich die Dauer des Unterhaltsanspruchs aus **Billigkeitsgründen**, die sich auf das Kind beziehen (Abs. 1 S. 2 und 3) und darüber hinaus aus Billigkeitsgründen, die sich auf die Ehe beziehen (Abs. 2).

Die Billigkeitsprüfung unter kindbezogenen Gesichtspunkten erfordert die Prüfung der Frage, ob Möglichkeiten der Kinderbetreuung tatsächlich bestehen und ob deren Wahrnehmung mit dem Kindeswohl im Einklang steht.

Die Änderung des § 1570 BGB n. F. nimmt erheblichen Einfluss auf die Darlegungs- und Beweislast. Der den Betreuungsunterhalt geltend machende Elternteil hat sämtliche tatbestandlichen Voraussetzungen des § 1570 BGB darzulegen und zu beweisen.

5. Wann besteht ein Unterhaltsanspruch wegen Alters, Krankheit oder Gebrechen gemäß der §§ 1571, 1572 BGB?

a) Altersunterhalt

aa) Einsatzzeitpunkte

Für den in § 1571 BGB geregelten Unterhalt des geschiedenen Ehegatten wegen Alters nennt das Gesetz drei Einsatzzeitpunkte:

- Scheidung (Nr. 1),
- Beendigung der Pflege und Erziehung eines gemeinsamen Kindes (Nr. 2) oder
- Wegfall eines Unterhaltsanspruchs gemäß § 1572 BGB (Krankheitsunterhalt) oder § 1573 BGB (Unterhalt bis zur Erlangung einer angemessenen Erwerbstätigkeit) (Nr. 3).

Der geschiedene Ehegatte kann danach zum Einsatzzeitpunkt Unterhalt beanspruchen, wenn von ihm zu diesem Zeitpunkt eine Erwerbstätigkeit nicht mehr erwartet werden kann.

bb) Altersgrenze

Zur Altersgrenze in § 1571 BGB fehlt eine gesetzliche Regelung; es kommt auf den Einzelfall an.

b) Krankheitsunterhalt

aa) Einsatzzeitpunkte

Der nacheheliche Unterhalt wegen Krankheit und Gebrechen ist in § 1572 BGB geregelt. Danach steht dem geschiedenen Ehegatten Unterhalt zu, wenn ihm vom Zeitpunkt

- der Scheidung (Nr. 1),
- der Beendigung der Pflege und Erziehung eines gemeinsamen Kindes (Nr. 2) oder
- der Beendigung einer Ausbildung, Fortbildung oder Umschulung (Nr. 3) oder

- des Wegfalls eines Unterhaltsanspruchs nach § 1573 BGB (Unterhalt bis zur Erlangung einer angemessenen Erwerbstätigkeit) (Nr. 4)

an wegen Krankheit oder anderer Gebrechen oder Schwäche seiner körperlichen oder geistigen Kräfte nicht erwartet werden kann, eine Erwerbstätigkeit auszuüben.

bb) Krankheitsbegriff

Der Krankheitsbegriff entspricht dem im Sozialversicherungsrecht. Krankheit ist danach jeder regelwidrige Körper- und Geisteszustand, der behandlungsbedürftig ist und / oder Arbeitsunfähigkeit zur Folge hat. Auch schwere Depressionen und andere psychische Leiden gelten als Krankheiten, selbst Alkoholismus und Rauschgiftsucht und Medikamentenabhängigkeit werden i. d. R. ebenfalls als Erkrankung angesehen.

6. Wann besteht ein Unterhaltsanspruch wegen fehlender Erwerbsmöglichkeit und Aufstockungsunterhalt?

Die Regelung zum nachehelichen Unterhalt wegen **Arbeitslosigkeit und Aufstockungsunterhalt** findet sich in § 1573 BGB n. F.

a) Unterhalt wegen fehlender Erwerbsmöglichkeit

Voraussetzung für den Arbeitslosenunterhalt ist, dass der Berechtigte bei Rechtskraft der Ehescheidung nicht oder nur zum Teil in angemessener Weise erwerbstätig war.

Der Begriff der **Angemessenheit einer Erwerbstätigkeit** ist in § 1574 II BGB legaldefiniert: „Angemessen ist eine Erwerbstätigkeit, die der Ausbildung, den Fähigkeiten, dem Lebensalter und dem Gesundheitszustand sowie den ehelichen Lebensverhältnissen entspricht." Maßgebend ist also zunächst die Ausbildung, mit der sich ein Ehegatte vor oder während der Ehe für einen bestimmten Beruf qualifiziert hat. Weiter sind das Alter des geschiedenen Ehegatten sowie die ehelichen Lebensverhältnisse zu berücksichtigen.

b) Aufstockungsunterhalt (§ 1573 II BGB)

Reichen die Einkünfte des Unterhaltsberechtigten aus einer angemessenen Erwerbstätigkeit nicht aus, seinen vollen, von den ehelichen Lebensverhältnissen bestimmten Unterhaltsbedarf zu decken, kann er den Unterschiedsbetrag zwischen den Einkünften und dem vollen Unterhalt verlangen (§ 1573 II BGB).

c) **Wegfall des § 1573 V BGB a. F.**

§ 1573 V BGB a. F. ist nun außer Kraft. Eine zeitliche Begrenzung des nachehelichen Unterhalts wegen Erwerbslosigkeit und Aufstockungsunterhalt ist nun im Rahmen des neu eingeführten § 1578b BGB möglich, der die Herabsetzung und zeitliche Begrenzung des nachehelichen Unterhaltsanspruchs allgemein regelt. Im Rahmen der Billigkeitsprüfung des neuen § 1578b BGB werden insbesondere die bereits in § 1573 V BGB a. F. genannten Umstände berücksichtigt.

7. Wann besteht ein Unterhaltsanspruch wegen Ausbildung, Fortbildung und Umschulung, § 1575 BGB?

Die Vorschrift des § 1575 BGB soll ehebedingte Nachteile für das berufliche Fortkommen ausgleichen.

8. Wonach bestimmt sich das Maß des nachehelichen Unterhalts?

Das Maß des Unterhalts umfasst den gesamten Lebensbedarf, § 1578 I BGB n. F. bestimmt in wörtlicher Übernahme des bisherigen § 1578 I S. 1 und 4 BGB, dass sich das Maß des Unterhalts nach den ehelichen Lebensverhältnissen bestimmt und der Unterhalt den gesamten Lebensbedarf umfasst.

§ 1578 I S. 2 und 3 BGB a. F. sind weggefallen. Eine Herabsetzung und zeitliche Begrenzung von Unterhaltsansprüchen ist nun im neu geschaffenen § 1578b BGB geregelt.

9. Unter welchen Voraussetzungen kommt eine Herabsetzung und / oder zeitliche Begrenzung des Unterhalts wegen Unbilligkeit in Betracht?

Der neu eingeführte § 1578b BGB - Herabsetzung und zeitliche Begrenzung des Unterhalts wegen Unbilligkeit - gilt für alle nachehelichen Unterhaltsansprüche. Er ermöglicht es, diese herabzusetzen und/oder zeitlich zu begrenzen. Diese Neuregelung ist verschuldensunabhängig ausgestaltet und knüpft an objektive Umstände an. Der Unterhaltsanspruch ist nun gem. § 1578b I BGB auf den angemessenen Lebensbedarf herabzusetzen bzw. gem. § 1578b II BGB zeitlich zu begrenzen, wenn eine an den ehelichen Lebensverhältnissen orientierte Bemessung bzw. ein zeitlich unbegrenzter Unterhaltsanspruch unter Wahrung der Belange des vom berechtigten betreuten gemeinschaftlichen Kindes unbillig wäre.

Ob eine *Unbilligkeit* vorliegt, richtet sich gem. § 1578b I S. 2 BGB nunmehr in erster Linie danach, ob der Unterhalt ehebedingte Nachteile ausgleicht oder nicht.

10. Unter welchen Voraussetzungen kommt eine Beschränkung oder Versagung des Unterhalts wegen grober Unbilligkeit in Betracht?

§ 1579 BGB n. F. regelt die Herabsetzung, zeitliche Begrenzung oder vollständige Versagung des Unterhaltsanspruchs wegen grober Unbilligkeit der Inanspruchnahme des Unterhaltspflichtigen. Dabei sind die Belange eines vom Unterhaltsberechtigten betreuten, gemeinschaftlichen Kindes zu wahren. Die grobe Unbilligkeit liegt vor, wenn einer der abschließend aufgezählten Härtegründe erfüllt ist. Die Härtegründe ergeben sich entweder aus einer objektiven Unzumutbarkeit der Unterhaltsleistung für den Unterhaltspflichtigen oder aus einem vorwerfbaren Fehlverhalten des Unterhaltsberechtigten. § 1579 BGB hat dabei weitreichendere Rechtsfolgen als § 1578b BGB, da der Unterhaltsanspruch nach § 1579 BGB völlig versagt werden kann.

Neben der Umformulierung der Überschrift wurde § 1579 Nr. 1 BGB neu gefasst, durch § 1579 Nr. 2 BGB ein neuer Härtegrund normiert und die Nummerierung geändert.

11. Wonach bestimmt sich der Rang des geschiedenen Ehegatten bei mehreren Unterhaltsberechtigten?

Die Rangfolge zwischen allen Unterhaltsberechtigten ergibt sich nunmehr aus § 1609 BGB n. F. Sonderregelungen zur Rangfolge der Unterhaltsberechtigten in einzelnen Unterhaltsverhältnissen erübrigen sich; insoweit genügt im neuen § 1582 BGB eine einfache Verweisung auf § 1609 BGB, der die Rangfolge zentral und für alle Unterhaltsverhältnisse geltend festlegt.

VI. Der Unterhaltsanspruch von Mutter und Vater des nichtehelichen Kindes

1. Welche Unterhaltsansprüche hat die Mutter oder der Vater bei Geburt eines nichtehelichen Kindes?

Leben die Eltern des Kindes bei dessen Geburt in einer nichtehelichen Lebensgemeinschaft, können Unterhaltsansprüche nach § 1615 L BGB bestehen.

§ 1615 L BGB erfasst drei verschiedene Unterhaltsansprüche:

- den Unterhaltsanspruch aus Anlass der Entbindung (Unterhalt für die Dauer von 6 Wochen vor und 8 Wochen nach der Geburt des Kindes) (Abs. 1 S. 1);

- den Anspruch auf Erstattung der Kosten, die infolge der Schwangerschaft oder der Entbindung außerhalb dieses 14-wöchigen Zeitraums entstehen (Abs. 1 S. 2);

- den Anspruch auf Betreuungsunterhalt (Abs. 2).

2. Wie lange hat die Mutter / der Vater eines nichtehelichen Kindes Anspruch auf Betreuungsunterhalt?

Die Dauer des Betreuungsunterhalts richtet sich beim nichtehelichen Kind nach neuer Rechtslage nunmehr nach denselben Grundsätzen wie beim ehelichen Kind nach § 1570 I BGB und ist gleich lang. Bis zur Vollendung des dritten Lebensjahres obliegt die Entscheidung über die Frage der Fremdbetreuung allein dem betreuenden Elternteil. Nach Ablauf dieses Zeitraums verlängert sich die Unterhaltspflicht aus kindbezogenen Billigkeitsgründen, wobei – wie beim neuen § 1570 I BGB nunmehr die (schlichte) Billigkeit genügt.

VII. Der Anspruch auf Elternunterhalt

1. Können Kinder gegenüber ihren Eltern unterhaltspflichtig sein?

Ja. Nach § 1601 BGB schulden auch Kinder ihren Eltern Unterhalt, soweit diese bedürftig (§ 1602 BGB) und sie selbst leistungsfähig (§ 1603 BGB) sind.

2. Werden beim Elternunterhalt die gleichen Maßstäbe angelegt wie bei der Unterhaltspflicht der Eltern gegenüber ihren Kindern?

Nein. Der BGH hat in den letzten Jahren in einer Reihe von Urteilen wesentliche Eckpunkte für diesen Unterhaltsanspruch festgelegt.[37] Danach gelten grundlegend andere, nämlich einerseits abgeschwächte, andererseits erweiterte Maßstäbe im Vergleich zur Unterhaltspflicht von Eltern gegenüber ihren Kindern.

3. Wie bestimmt sich beim Elternunterhalt der Bedarf des Unterhaltsberechtigten?

Der Bedarf richtet sich nach der eigenen Lebensstellung der Eltern (§ 1610 I BGB). Haben sie bisher eingeschränkt gelebt, können sie nicht im Alter etwa ein überteuertes Alten- oder Pflegeheim für sich in Anspruch nehmen.

---

[37] *BGH* FamRZ 2002, 1698 m. Anm. *Klinkhammer*, 2003, 860 m. Anm. *Klinkhammer*, 2003, 1179 m. Anm. *Klinkhammer*, NJW 2004, 677; jetzt auch BVerfG NJW 2005, 1927.

Standardfälle Familien- und Erbrecht

ISBN 978-3-86724-005-5
7,00 €

Audio-CD (Hörbuch) Basiswissen Familienrecht

ISBN 978-3-86724-097-0
7,90 €

Kinder- und Jugendhilferecht

ISBN 978-3-86724-080-2
7,00 €

Mediation

ISBN 978-3-86724-110-6
7,90 €

▶ Unsere 📖 Skripten 📇 Karteikarten 🎧 Hörbücher (Audio-CDs)

Zivilrecht (je 7 €*)
- Standardfälle für Anfänger und Standardfälle für Fortg.
- Grundlagen und Fälle BGB für 1. und 2. Sem. (9,90 €)
- Standardfälle BGB AT
- Standardfälle Schuldrecht (7,90 €)
- Standardfälle Ges. Schuldverh. (§§ 677, 812, 823)
- Standardfälle Sachenrecht
- Standardfälle Familien- und Erbrecht
- Originalklausuren Übung für Fortgeschrittene
- 🎧 Basiswissen BGB (AT) (Frage-Antwort)
- 🎧 Basiswissen SchuldR (AT) und 🎧 SchuldR (BT)
- 🎧 Basiswissen Sachenrecht, 🎧 FamR, 🎧 ErbR
- Einführung in das Bürgerliche Recht
- Studienbuch BGB (AT) (9,90 €)
- Studienbuch Schuldrecht (AT) (9,90 €)
- Schuldrecht (BT) 1 - §§ 437, 536, 634, 670 ff.
- Schuldrecht (BT) 2 - §§ 812, 823, 765 ff.
- SachenR 1 – Bewegl. S., SachenR 2 – Unbewegl S.
- Familienrecht und Erbrecht
- Streitfragen Schuldrecht
- 🎧 Definitionen für die Zivilrechtsklausur (9,90 €)

Strafrecht (je 7 €*)
- Standardfälle für Anfänger Band 1 (9,90 €)
- Standardfälle für Anfänger Band 2
- Standardfälle für Fortgeschrittene (9,90 €)
- 🎧 Basiswissen Strafrecht (AT) (Frage-Antwort)
- Basiswissen Strafrecht (BT) in Vorbereitung
- Strafrecht (AT)
- Strafrecht (BT) 1 – Vermögensdelikte (7,90 €)
- Strafrecht (BT) 2 – Nichtvermögensdelikte (7,90 €)
- Jugendstrafrecht/Strafvollzug/Kriminologie
- 🎧 Definitionen für die Strafrechtsklausur

Öffentliches Recht (je 7 €*)
- Standardfälle Staatsrecht I – StaatsorgaR (9,90 €)
- Standardfälle Staatsrecht II – Grundrechte (9,90 €)
- Standardfälle für Anfänger (StaatsorgaR u. Grundrechte)
- Standardfälle Verwaltungsrecht (AT) (7,90 €)
- Standardfälle Verwaltungsrecht für Fortgeschrittene
- Standardfälle Baurecht (7,90 €)
- Standardfälle Europarecht (7,90 €)
- Standardfälle Kommunalrecht (7,90 €)
- 🎧 Basiswissen Staatsrecht I – StaatsorgaR (Frage-Antw.)
- 🎧 Basiswissen Staatsrecht II – GrundR (Frage-Antw.)
- Basiswissen Verwaltungsrecht AT – (Frage-Antwort)
- Studienbuch Staatsorganisationsrecht (9,90 €)
- Studienbuch Grundrechte (9,90 €)
- Studienbuch Verwaltungsrecht AT (9,90 €)
- Studienbuch Europarecht (9,90 €) u. 🎧 Basiswissen EuR
- Staatshaftungsrecht (7,90 €)
- Verwaltungsrecht (AT) 1 – VwVfG u. (AT) 2 – VwGO
- Verwaltungsrecht (BT) 1 – POR (7,90 €)
- Verwaltungsrecht (BT) 2 – BauR u. (BT) 3 – UmweltR
- 🎧 Definitionen Öffentliches Recht (9,90 €)

Steuerrecht (je 7 €*)
- Abgabenordnung (AO)
- Einkommensteuerrecht (EStG) (7,90 €)
- Umsatzsteuerrecht (UStG) (7,90 €)
- Erbschaftsteuerrecht: erscheint ca. November 2008!
- Steuerstrafrecht/Verfahren/Steuerhaftung (7,90 €)

Sozialrecht (je 7 €*)
- Kinder- und Jugendhilferecht
- Sozpäd. Diagn.: SPFH & ambul. Hilfen d. KJH
- Sozialrecht

Nebengebiete (je 7 €*)
- Standardfälle Handels- & GesellschaftsR
- Standardfälle Arbeitsrecht (7,90 €)
- 🎧 Basiswissen Handelsrecht (Frage-Antwort)
- 🎧 Basiswissen Gesellschaftsrecht (Fra.-Antwort)
- 🎧 Basiswissen ZPO (Frage-Antwort) (7,90 €)
- 🎧 Basiswissen StPO (Frage-Antwort)
- Handelsrecht
- Gesellschaftsrecht
- Arbeitsrecht (7,90 €)
- Kollektives Arbeitsrecht (7,90 €)
- ZPO I – Erkenntnisverfahren (7,90 €)
- ZPO II – Zwangsvollstreckung
- Strafprozessordnung – StPO
- IPR (7,90 €) und Standardfälle IPR (9,90 €)
- Insolvenzrecht
- Gewerbl. Rechtsschutz/Urheberrecht (7,90 €)
- Wettbewerbsrecht (7,90 €)
- 500 Spezial-Tipps f. Juristen (10,90 €)
- Mediation (7,90 €)

Karteikarten (je 8,90 €)
- 📇 Zivilrecht: BGB AT/SchuldR/SachenR/Schemata
- 📇 Strafrecht: AT/BT-1/BT-2/Streitfragen
- 📇 Öffentliches Recht: StaatsorgaR/GrundR/VerwR
- 📇 Nebengebiete: ab November 2008

Assessorexamen (je 7 €*)
- Die Relationstechnik
- Der Aktenvortrag im Strafrecht
- Der Aktenvortrag im Wahlfach Strafrecht
- Der Aktenvortrag im Zivilrecht
- Der Aktenvortrag im Öffentlichen Recht
- Urteilsklausuren Zivilrecht
- Anwaltsklausuren Zivilrecht
- Staatsanwalt. Sitzungsdienst & Plädoyer (7,90 €)
- Die strafrechtliche Assessorklausur
- Die öff.-rechtl. Assessorklausur Bd.1 (7,90 €)
- Die öff.-rechtl. Assessorklausur Bd.2
- Zwangsvollstreckungsklausuren
- Vertragsgestaltung in der Anwaltsstation

BWL & VWL (je 7 €*)
- Einführung in die Betriebswirtschaftslehre
- Einführung in die Volkswirtschaftslehre
- Ratg. „500 Spezial-Tipps für BWLer"
- Rechnungswesen
- Marketing
- Organisationsgestaltung & -entwickl. (7,90 €)
- Internationales Management
- Unternehmensführung
- Wie gelingt meine wiss. Abschlussarbeit?
- Ratgeber Assessment Center

Schemata (je 9,90 €)
- Die wichtigsten Schemata - ZivR,StrafR,ÖR
- Die wichtigsten Schemata - Nebengebiete

* 7,00 €, soweit nicht ein anderer Preis in ( ) angegeben ist! Irrtümer/Änd. vorbehalten!

🎧 bedeutet: auch als **Hörbuch** (Audio-CD) lieferbar (7,90 €)

Im **niederle-shop.de** bestellte Artikel treffen idR *nach 1-2 Werktagen* ein!